SUPERSUSTOS

JEFF CREEPY

EL LABORATORIO DEL PÁNICO

DESTINO

DESTINO INFANTIL Y JUVENIL, 2018
infoinfantilyjuvenil@planeta.es
www.planetadelibrosinfantilyjuvenil.com
www.planetadelibros.com
Editado por Editorial Planeta, S. A.

Título original: *Testing time*

Avda. Diagonal, 662-664, 08034 Barcelona
Primera edición: mayo de 2018
ISBN: 978-84-08-18714-1
Depósito legal: B. 7.721-2018
Impreso en España – *Printed in Spain*

El papel utilizado para la impresión de este libro es cien por cien libre de cloro
y está calificado como papel ecológico.

CAPÍTULO 1

Amy se paró delante del riachuelo. Al otro lado estaba el camino que conducía al misterioso Bosque Negruzco. Solo tenía que saltarlo y se encontraría allí, entre sus enredaderas y sus frondosos árboles.

Respiró hondo, se apartó un mechón de pelo de la cara y se preparó para saltar.

—¡ESPERA!

Amy frenó en seco al escuchar la voz gruñona de su hermano. El larguirucho Matt solo era un año mayor que ella, pero siempre estaba diciéndole lo que tenía que hacer.

—Quítate la mochila primero —le ordenó.

—¡Grrr! —gruñó Amy—. ¿Por qué?

—No podrás saltar bien con tanto peso.

Amy agarró aún más fuerte su mochila.

Detrás de ellos, sus amigos Ethan y Georgia se miraron. Todo el rato era lo mismo: daba igual lo que propusiese Amy, Matt siempre tenía una idea mejor.

—Esas rocas parecen muy viscosas —bromeó Georgia.

Amy puso cara de exasperación y, antes de que nadie pudiera detenerla, saltó sobre el riachuelo lanzando un grito salvaje. Sus pies aterrizaron sin problemas sobre las rocas; se dio la vuelta y miró a su hermano con cara de «te lo dije».

—¡Así se hace, Amy! —gritó Ethan, dando un puñetazo al aire mientras Matt se encogía de hombros.

—¡Es muy fácil! —exclamó Amy—. ¿Quién se atreve?

Matt cruzó sin dificultad. Georgia también, dando unos cuantos saltitos entremedios. Solo faltaba Ethan, que miraba hacia la orilla opuesta con un poco de miedo. Se ajustó con cuidado las gafas sobre la nariz y se restregó una mano contra la otra.

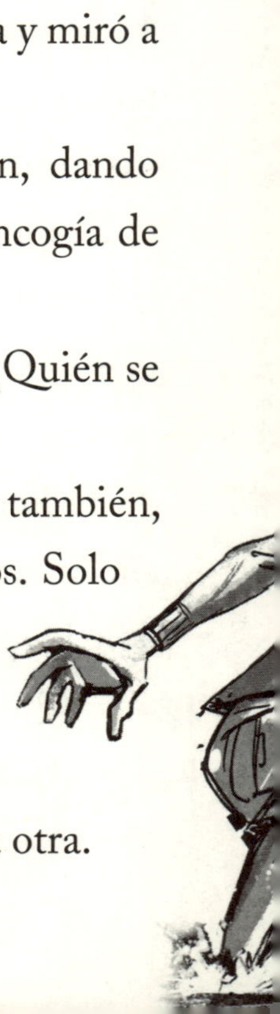

—¡Allá voy!

Ethan corrió hasta el borde del riachuelo, pero su salto fue un desastre y acabó zambulléndose en el agua hasta las rodillas y chapoteando como una trucha enfadada.

—¡ARGGGG! —gritó—. ¡Sacadme de aquí! ¡Esto está más frío que el sobaco de un oso polar!

Amy le dio la mano y lo ayudó a subir.

—¡Despacito! —se burló Georgia.

—¡A ver, listillo! —se rio Matt—, ¿cómo sabes tú lo fríos que están los sobacos de un oso polar?

—¡Dejadme en paz! —exclamó Ethan, frotándose el tobillo y cambiando rápidamente de tema—. Al menos ya estamos aquí, en el Bosque Negruzco.

Los cuatro miraron a su alrededor. Los pinos se alzaban silenciosos en la penumbra, frondosos y apretujados como tumbas en un cementerio. Las enredaderas se enroscaban entre la hojarasca del suelo.

Se habían pegado unas buenas horas de caminata para llegar a ese lugar. Había sido idea de Matt pasar las vacaciones de verano acampando en medio del bosque: estarían a kilómetros de distancia de todo el mundo, y más lejos de casa de lo que habían estado nunca.

Un trueno se oyó en la lejanía. El cielo se volvió de un gris oscuro plomizo y Amy notó en la cara cómo la brisa se había enfriado de repente.

—¡Genial...! —exclamó—. Y ahora una tormenta. Si no montamos las tiendas rápido, acabaremos empapados.

—Esto... ¿Hola? —Ethan señaló su pantalón corto y sus zapatos, que chorreaban agua.

—Vale, vale —replicó Amy—. Acabaremos empapados los demás.

Amy los condujo a todos hacia el interior del bosque. Pero todavía no habían andado demasiado cuando Ethan empezó a quejarse.

—¡Ay! —gimió—. Me duele.

—¿El qué? —preguntó Amy.

—El tobillo —gimoteó Ethan—. Creo que me lo he torcido al saltar el riachuelo.

Georgia se arrodilló para echarle un vistazo. Cortó el cordón con su cuchillo y le quitó la bota con mucho cuidado. El tobillo de Ethan estaba rojo e hinchado.

—¡Lo que faltaba! —refunfuñó Matt.

—¡Oye! —le dijo Amy, dándole un pequeño empujón—, ¡que ha sido cosa tuya venir aquí!

—Ya, dicen que este bosque está encantado, ¿no? —Ethan forzó una sonrisa mientras limpiaba el barro que le había salpicado las gafas.

—No, Ethan —negó Georgia, mirándolo fijamente—. No existen ni las maldiciones, ni los magos, ni los hechiceros de los bosques. Así que, venga..., ¡todos a montar las tiendas de campaña!

Amy se puso manos a la obra, olvidándose de las historias de Ethan sobre bosques encantados. Claro que existían esas historias, pero no dejaban de ser invenciones que no se creía nadie. Y ellos tenían cosas más importantes que hacer.

Amy ayudó a Georgia a sacar las piezas de su tienda de campaña, poniéndolas sobre el suelo con bastante más orden que los chicos, pero enseguida se dio cuenta de que faltaba algo: las piquetas que debían sostener la tienda no aparecían por ninguna parte.

—¡Oh, oh! —exclamó.

—Por favor, dime que no se te han olvidado las piquetas, Amy —le advirtió Georgia con una sonrisa tensa—. Eres mi mejor amiga... ¡No me gustaría tener que matarte!

—Todo controlado —dijo Amy, volviendo a incorporarse—. No se me han olvidado, sé muy bien dónde están.

Matt también se puso en pie rápidamente.

—¿Amy?

—Vuelvo enseguida.

—¡AMY!

Su voz se perdió en la distancia.

Las pisadas de Amy resonaban con fuerza sobre el camino mientras corría hasta el riachuelo. La bolsita negra con las piquetas debía de estar allí, en el suelo. Más le valía. Porque, si no podían montar su tienda de campaña, tendrían que dormir en la de Matt y Ethan. Y, antes que eso, Amy prefería que la partiese un rayo.

«Primero lo de Ethan y ahora esto —se rio—. No, si al final va a resultar que es cierto que este bosque está encantado.»

Cada vez había menos luz y la lluvia no paraba de repiquetear al caer sobre el camino. Amy llegó a la orilla del riachuelo antes de lo que se había imaginado y, de repente, al caer en la cuenta de que estaba completamente sola, se le pusieron de punta los pelos de los brazos y notó un escalofrío bajándole por la espalda. Tenía la sensación de que algo no iba bien.

«Te lo estás imaginando —pensó—. Contrólate.»

Para su alivio, allí estaba la bolsa de las piquetas, apenas visible en la oscuridad. Se agachó para cogerla, pero, justo en ese momento, oyó un ruido entre los arbustos de la otra orilla del riachuelo: el chasquido de una rama seca que sonó como un disparo en medio de aquel escalofriante bosque.

—¿Hola? —trató de decir, pero la palabra se le atascó en la garganta. Su corazón seguía latiendo frenéticamente a causa de la carrera que se había pegado. Y ahora el miedo comenzaba a helarle la sangre.

Amy giró la cabeza y se quedó pasmada. Algo surgió de entre las sombras: era un viejo con la cara llena de arrugas, los ojos penetrantes y la melena despeinada. Tenía la boca medio abierta y se le veían los dientes viejos y amarillentos.

Amy dio un paso atrás.

El hombre se movía intentando no hacer ruido. Su bata blanca y sus ojos azules como el hielo taladraban la oscuridad. Parecía un espíritu maligno del bosque, brillando entre los árboles.

Deprisa, demasiado deprisa, el hombre levantó un brazo. Amy chilló.

CAPÍTULO 2

Amy dio un salto atrás. Agarró la bolsa de las piquetas y se puso a correr. El viejo la llamó con una voz grave y áspera parecida a un ladrido, pero ella no oyó lo que decía. Prefería no saberlo.

Mientras corría, trataba de encontrar algo en su mochila para defenderse. Sus dedos tocaron la linterna, y la cogió rápidamente. Pero cuando volvió a mirar hacia los árboles, no había ni rastro del hombre. La aparición se había esfumado.

«¿Qué demonios...?»

Amy se detuvo para recuperar el aliento. En ese momento, la idea de acampar en el Bosque Negruzco le pareció una locura. Nunca se había sentido tan lejos de casa. Maldijo a Matt por haberlos llevado hasta allí.

Siguió corriendo hasta que llegó al lugar de acampada. Una lámpara eléctrica brillaba en medio de la lluvia y la tienda de Matt estaba ya montada. Amy le lanzó la bolsa a Georgia y se agachó para recuperar el aliento.

—¿Estás bien? —le preguntó Georgia—. Te he oído chillar.

—Es que he visto a alguien.

Matt salió de la tienda.

—¿A quién?

—A un viejo —respondió ella—. Al otro lado del riachuelo.

—Y ¿qué ha pasado? —quiso saber Georgia, nerviosa.

—En realidad, nada —contestó Amy—. El hombre me ha mirado y yo he salido corriendo...

Amy estaba muy asustada, pero al decir en voz alta lo que había visto ya no le pareció tan raro.

—A lo mejor era alguien paseando al perro —sugirió Georgia.

—O igual es que hay gente tan chalada como nosotros que también decide pasar el verano por aquí —dijo Ethan—. ¿Por qué te has asustado?

—Aquí no hay nunca nadie —afirmó Matt—. Por eso hemos venido. ¿Cómo era el viejo?

—No he podido verlo muy bien —reconoció Amy—. Pero llevaba una bata blanca... Y tenía el pelo como... alborotado.

Matt miró a Amy fijamente.

—¿Una bata blanca? ¿Una bata blanca larga?

—Supongo —admitió Amy sin estar segura.

Matt miró a derecha e izquierda y frunció el ceño.

—Me acabo de acordar de algo muy raro —afirmó.

—¿De qué? —le preguntó Georgia—. ¿Del hechicero del bosque de Ethan?

Matt la fulminó con la mirada.

—No... Es algo peor... Ya había oído hablar de alguien así antes.

Amy lo miró con expectación, pero Matt no dijo nada más y se dirigió al lugar en que iban a encender la hoguera. Amontonó unas cuantas ramas secas y les prendió fuego. Sería como tener una especie de barrera protectora, como crear una burbuja donde el tiempo y el mundo exterior no existiesen. Ya se veían las primeras estrellas y la luna se alzaba en el cielo, arrojando un inquietante resplandor.

—Entonces —comenzó a decir Amy, mirando hacia el fuego—, ¿quién era ese hombre?

—¿Un leñador que corta gente en vez de árboles? —se burló Ethan.

—¿Un paseador de perros asesino? —sugirió Georgia—. ¿O un asesino de paseadores de perros?

Amy refunfuñó.

—Deja los chistes malos para Ethan, ¿vale?

Los tres se echaron a reír, pero Matt siguió mirando fijamente al fuego. Era más fácil que apareciese un marciano por el bosque que conseguir que Matt sonriese.

—El hombre de la bata blanca —empezó a decir— es alguien conocido en este bosque. Al menos según la leyenda.

Amy se estremeció. Parecía que la oscuridad la iba rodeando cada vez más.

—El Bosque Negruzco no está encantado —siguió diciendo—. Aquí no hay magia negra, ni nada tan fantasioso. Pero durante años han sucedido cosas extrañas en él, cosas inquietantes que siempre se han mantenido ocultas.

—¿Qué tipo de cosas? —lo interrumpió Ethan, inclinándose hacia delante.

—Cosas muy malas —explicó Matt—. Parece ser que en medio de este bosque, a kilómetros del resto del mundo, hay un edificio abandonado. Era necesario que estuviese así de aislado por... los experimentos genéticos.

Ethan y Georgia se miraron, nerviosos.

—¿Experimentos genéticos? ¿Como los que hacen para modificar las plantas? —preguntó Georgia.

Matt se rio a carcajadas.

—Sí, claro, ¿qué crees que hacían? ¿Verduras parlantes? ¡Flipante! Mirad, en estos bosques hay un edificio, un edificio que se ha mantenido en secreto durante años. Un edificio en el que trabajaba un grupo de científicos que se suponía que investigaba para el ejército. Pero en realidad hacían algo más; esos científicos creían que podían hacer cualquier cosa, que podían jugar a ser Dios. Y terminaron creando supersoldados con una fuerza sobrenatural, animales híbridos. También buscaron la manera de evitar la necesidad de dormir, e incluso quisieron ver si el cerebro podía sobrevivir fuera del cuerpo.

Amy se agitó, inquieta. El tono serio de su hermano hacía muy creíble su historia.

—Ahora el sitio está abandonado. Parece ser que los experimentos causaron algún tipo de desastre y que las personas que usaban de cobayas se volvieron locas. Al intentar mantenerlas siempre despiertas empezaron a arrancarse el pelo de la cabeza y las uñas. Y los animales híbridos se volvieron feroces y agresivos y atacaban salvajemente a cualquiera que se les acercase hasta arrancarle la carne de los huesos. Y lo que es peor, mucho peor, es que todavía siguen deambulando por el edificio y por los bosques. Después de caer la noche, si se presta atención, se pueden oír sus extrañas y atormentadas voces clamando al viento...

Georgia apenas podía hablar.

—Y... ¿y los científicos?

—Todos escaparon. Todos menos uno: el director, Zukov; un científico genial, pero totalmente chiflado.

—¡Guau! —exclamó Georgia, casi en un susurro—. Amy, tiene que ser el viejo que has visto. ¿Un hombre con una bata blanca, vagando por el bosque? ¡Tiene que ser él!

Amy estaba empezando a asustarse de verdad. Pero también sospechaba de su hermano: ¿realmente pretendía Matt que se creyeran su historia sobre un grupo de científicos maníacos solo porque ella había visto a un viejo siniestro vestido con una bata blanca?

—Dicen que si alguna vez te mira con sus ojos azules como el hielo... —Matt hizo una pausa para causar mayor efecto mientras Georgia y Ethan se inclinaban hacia delante esperando el final de la frase—... ¡te mueres!

Matt dio una patada a uno de los troncos de la hoguera, haciendo saltar chispas por el aire. Georgia dejó escapar un grito ahogado mientras esquivaba las ascuas. Ethan chilló y se cayó del tronco sobre el que estaba sentado para aterrizar en el barro. Matt reía a carcajadas, agarrándose la tripa.

—¡Jo, mira que sois inocentes! —exclamó.

—¡Y tú eres un idiota, Matt! —le replicó Ethan.

—¿Acaso te lo has inventado todo? —preguntó Georgia.

Matt sonrió maliciosamente.

—¡Pues claro que me lo he inventado! ¡Qué pardillos sois! ¿Verdad, Amy?

Amy también se echó a reír mientras Ethan y Georgia respiraban aliviados.

—Totalmente —asintió.

Aunque para sus adentros se preguntó: «¿Cuándo le he dicho a Matt de qué color tenía los ojos el viejo?».

CAPÍTULO 3

«¡Eh! ¿Qué ha sido eso?»

Amy estaba tumbada mirando fijamente la impenetrable oscuridad, con el corazón latiéndole muy fuerte. Se apretujó lo mejor que pudo en el saco de dormir, pero el frío seguía calándole los huesos. Algo en su interior le decía que no debía moverse, pero al final terminó llevándose la muñeca a la cara. Al presionar el botón de su reloj, la esfera se iluminó con la hora: 2:10 AM. Se sentía como si llevara años soñando.

Volvió a escuchar ruidos; una serie de murmullos y crujidos que se oían fuera de la tienda, como si alguien estuviera rebuscando en sus mochilas; un tintineo de tazas metálicas chocando unas con otras; una rama que se rompía. Y, luego, el inconfundible sonido de una cremallera abriéndose lentamente.

—¡Georgia! —susurró—. ¡Georgia, despierta!

Su amiga ni se inmutó.

Le dio unos toquecitos en el hombro.

—¡Venga, despierta!

Georgia se giró, balbuceó algo y volvió a quedarse dormida. Amy apretó los dientes de pura frustración. Si gritaba a Georgia, seguro que la despertaba..., pero, entonces, lo que estaba allí afuera la oiría gritar también... Comenzó a asustarse. «¿A quién se le ocurre pensar que era una buena idea acampar a kilómetros de cualquier sitio habitado?», se preguntó.

Los murmullos se alejaron. Luego, oyó unos pasos rítmicos de pies —o garras— sobre las hojas secas, que terminaron por desaparecer.

La historia de Matt seguía resonando en su cabeza. Todo había sido una invención, por supuesto; pero lo de los ojos... «¿Cuándo le he dicho lo de los ojos?» Amy sentía que allí fuera podía haber cualquier cosa, y probablemente así fuera. Primero, el hombre de la bata blanca, y ahora, algo hurgando entre sus pertenencias. Pero tenía frío y las mantas de repuesto estaban fuera. No se notaba los dedos de los pies, y así sería incapaz de volver a dormirse. No sabía si ser sensata y quedarse en el saco o atreverse a salir a por la manta. Al final, ganó la segunda opción por los pelos. No iba a dejarse atemorizar por el Bosque Negruzco ni por los patéticos intentos de Matt de asustarlos con historias de miedo alrededor del fuego.

Se deslizó fuera del saco y, a tientas en medio de la total oscuridad, consiguió encontrar las botas y ponérselas. Luego, comenzó a hurgar en su mochila hasta que dio con la linterna y la sacó.

Tras abrir la cremallera de la tienda haciendo tan poco ruido como pudo, salió al claro en el que habían acampado. Las brasas de la hoguera seguían encendidas. Apretó ligeramente un botón y la linterna rasgó la oscuridad. Sacó una manta de una mochila cercana y la lanzó al interior de la tienda. Al pasar junto al fuego vio que las tazas estaban volcadas.

«Así que no han sido imaginaciones mías.»

En ese momento, se dejó llevar por la curiosidad. En pijama y botas, agarró con fuerza la linterna y se adentró en el bosque. Lo que hubiera causado los ruidos no podía estar muy lejos.

Caminó entre raíces de árboles y cruzó de un salto un pequeño riachuelo que borboteaba en la oscuridad. Tenía los nervios a flor de piel a causa de la excitación. Nunca había sentido nada parecido que ella recordase. Tenía la sensación de que ya conocía aquel territorio, como si ya hubiera estado allí antes.

«A Matt le gustaría que yo me asustase de lo que sea que haya ahí fuera —pensó—, pero no lo haré. Al contrario. ¡Esa cosa es la que debería temerme a mí!»

Al principio, Amy no vio nada. Luego distinguió una forma, más oscura aún que la oscuridad que la rodeaba. Dos brillantes ojos amarillos la miraban desde el centro de una figura negra. No eran los ojos que había visto antes; esta vez no pertenecían a un ser humano.

—¿Qué demonios es esto? —se dijo con voz entrecortada.

Un segundo después, de entre los árboles salió

una figura de color marrón que revoloteó encima de su cabeza al iluminarla brevemente con la linterna. Amy apenas logró vislumbrar unas plumas y unas garras retorcidas mientras la figura se elevaba hacia la oscuridad.

—¡Es un búho! —gritó, y rio aliviada—. El búho más grande y raro que he visto en mi vida.

Luego cerró los ojos y esperó a calmarse. Aquella pequeña excursión la estaba poniendo demasiado nerviosa. Por un minuto pensó que se trataba de uno de los animales híbridos del profesor

Zukov. Suspiró aliviada y dio la vuelta para volver al campamento.

De repente, una mano la agarró del hombro y una voz áspera le susurró al oído:

—¿Qué cree que está haciendo en mi bosque, señorita?

Amy lanzó un alarido que resonó entre los árboles. Se sacudió la mano que la agarraba y echó a correr, a ciegas, entre helechos y zarzas, ramas que le golpeaban en la cara y hojas que se le quedaban pegadas al pelo. Y siguió corriendo hasta que la carcajada que sonaba detrás de ella hizo que se detuviera.

Al volverse, vio a Matt señalándola y riéndose de ella.

—¡Menuda cara has puesto! ¡Qué pena no haber cogido la cámara de Ethan!

Amy rugió, indignada:

—¡Eres un idiota! —gruñó—. ¿Qué pretendías asustándome así?

—Perdona, hermanita, pero si se te ocurre salir a pasear sola por el bosque de noche, es normal que te sucedan cosas terroríficas.

—No estaba paseando, estaba comprobando algo. He oído unos ruidos.

Matt se encogió de hombros.

—Sea lo que sea, ya se habrá ido. Anda, Amy, vuelve a tu saco.

Amy volvió hacia las tiendas pisando el suelo con furia.

—«Vuelve a tu saco.» ¡Ni que fuera mi niñera! ¿Qué se habrá creído?

Matt vaciló un momento mientras abría la cremallera de su tienda.

—Ya estoy empezando a cansarme, ¿sabes? —dijo en un tono extraño.

—¿De qué?

—De tener que sacarte todas las noches del Bosque Negruzco.

Matt entró gateando a su tienda y volvió a cerrar la cremallera. Amy se quedó mirándolo un momento, confundida. Matt había sonado sincero al decirle lo que le había dicho, pero ¿a qué se refería exactamente? Matt y ella nunca iban de acampada, y no recordaba ni una sola vez en la que él hubiera tenido que «sacarla» del bosque.

El tiempo se paró de pronto, como si su mente fuese hacia delante y hacia atrás a la vez. El viento se calmó y los árboles dejaron de moverse. Algo extraño estaba sucediendo en aquel bosque. O Matt se estaba volviendo loco...

... o la loca era ella.

CAPÍTULO 4

Cuando a la mañana siguiente Amy abrió la tienda, el mundo parecía luminoso y normal. ¿De verdad había estado esa noche paseando en pijama? Le pareció una locura, un sueño lejano.

Ethan estaba inclinado sobre el hornillo de camping. Una salpicadura de huevo chisporroteaba en la sartén y estaba usando una espumadera para retirarla con cuidado, como si estuviera haciendo un experimento de laboratorio.

—¿Cómo va ese desayuno? —preguntó Matt, bostezando.

—No del todo mal —respondió Ethan—. Siempre y cuando te gusten los huevos y, hum, las cáscaras de huevo fritas.

Amy puso cara de exasperación.

—¡Genial! Huevos con cáscara. ¿Alguien me puede explicar por qué te dejamos cocinar a ti?

—Oye, ¡que a lo mejor están buenos! —replicó Ethan con una gran sonrisa.

—Y tu tobillo, ¿qué tal va? —le preguntó Georgia entre trago y trago de su botella.

—Todavía me duele, pero creo que está menos inflamado. Por lo menos puedo caminar.

Amy se sirvió un plato y se sentó junto a Matt, lejos de los otros. Prefería que no les oyesen. Tenía que averiguar qué era lo que su hermano le había querido decir la noche anterior; pero, cuando le preguntó acerca de eso de «sacarla del bosque», la cara de Matt se quedó inmóvil durante un segundo, como una imagen de vídeo congelada.

—Supongo que estaba cansado, nada más —le respondió.

—¿Y cómo sabías lo de los ojos azules del viejo ese?

Matt parecía perplejo.

—No lo sé, Amy —contestó, llevándose un trozo de huevo a la boca—. Me lo dirías tú, supongo. Me acabo de levantar, ¿vale? No me agobies...

«Eso no es una respuesta —pensó Amy, pero no dijo nada. Y se sacó de la boca un trozo de cáscara de huevo—. Ya te vale, Ethan...»

Nada más terminar el desayuno, los cuatro se pusieron a explorar el bosque que rodeaba el campamento. Amy les contó lo que había sucedido aquella noche. Ethan, con la cámara en la mano, caminaba entre los árboles mirando tanto hacia arriba que Amy estaba segura de que tropezaría otra vez.

—Ese gran búho tiene que estar por aquí —comentó—. Estoy seguro. Hasta puede que haya una pareja, ¡o incluso crías!

Amy no sabía por qué le había tenido que decir nada sobre la estúpida ave a Ethan, quien ahora les arrastraba para buscar al dichoso búho. Al menos parecía que ya no le dolía el tobillo, ¡hasta Georgia tenía que esforzarse para seguirle el ritmo! De hecho, antes de darse cuenta, fue Georgia la que tropezó al saltar sobre algunas raíces de árbol y desapareció sin más.

—¡Georgia! —gritó Amy—. ¿Estás bien?

—Me he tropezado —respondió su voz dolorida.

Matt echó a correr y se encontró al borde de un barranco escondido por la espesura.

—Parece que aquí hay un pozo muy profundo.

—¡No me digas, Sherlock! —refunfuñó Georgia—, ¡que soy yo la que se ha caído dentro!

Amy se arrodilló al borde del barranco y se inclinó hacia abajo. Georgia agarró su mano y, con la ayuda de Matt, consiguieron subirla de nuevo. Tenía el brazo cubierto de arañazos y un centenar de ortigas por todo el cuerpo. El barranco se extendía a izquierda y derecha, como una especie de foso defensivo.

—Alguna vez debió de estar lleno de agua —afirmó Matt—. Pero ¿para proteger qué?

Cruzaron el foso utilizando el tronco de un árbol caído, como acróbatas sobre una cuerda floja. Al otro lado había menos árboles y la hierba era más alta. Al poco rato, se toparon con una valla de tela metálica, oxidada y vieja, medio oculta entre la maleza. Al acercarse, Amy observó algunos viejos carteles abollados colgando.

ÁREA MILITAR – NO AVANZAR

Amy se acordó de la historia de Matt: ¿no era esa la tapadera que usaban los científicos? Por impulso, se acercó a la valla pensando que quizá podía estar suelta en algún punto. Pero, en el mismo instante en que la tocó, sintió en sus dedos un dolor punzante acompañado de un chasquido, y un calambrazo le subió por el brazo. Apartó la mano inmediatamente con un grito:

—¡AAAH! ¡Es una valla eléctrica!

—¿Qué demonios? —exclamó Ethan—. Parece antigua. ¿A qué estará conectada?

Georgia miró a través de la valla.

—Hagan lo que hagan ahí dentro, alguien tiene mucho interés en que nadie meta las narices.

—Venid por aquí —les indicó Matt con un gesto—. Y mirad bien por dónde pisáis.

Matt encontró un sector de la valla completamente destruido, como si la hubiese embestido algo muy grande y con mucho ímpetu. Todos se miraron, inquietos, pero decidieron entrar, uno por uno. Al otro lado, una franja de losas y grava cubierta de musgo separaba la valla de una sección menos frondosa de bosque. Siguieron caminando hacia lo que tenía toda la pinta de ser algún tipo de instalación. De vez en cuando se encontraban con otras cercas, antiguas y destartaladas, llenas de agujeros, pero que seguían electrificadas.

Según avanzaban, más allá de donde caminaba Matt, Amy pudo ver un viejo edificio de ladrillo con techo plano y después algunos otros más. Todos estaban construidos con los mismos ladrillos de color rojo oscuro y tenían el aspecto de una escuela abandonada o de un centro comercial en ruinas. O, quizá, de un complejo de laboratorios...

—¡Ay madre! —exclamó Georgia—. ¿Estáis pensando lo mismo que yo?

—Si estás pensando en el almuerzo, sí —dijo Ethan.

—¡De verdad que a veces pareces tonto! Me refería al laboratorio de Zukov. ¿Será esto?

Amy miró a su alrededor. Había vehículos abandonados y pequeños edificios de ladrillo dispersos aquí y allá; la verdad era que todo aquello parecía algún tipo de instalación. En medio del resto se levantaba un edificio mucho más grande, imponente y antiguo, con enormes puertas de hierro y muros altos que parecía una fortaleza. Amy vio que tenía las ventanas y el tejado intactos. No parecía abandonado.

Amy miró fijamente a Matt. Su cara parecía sombría, inexpresiva, y eso la preocupaba.

—Pensaba que te habías inventado esa historia sobre el viejo laboratorio científico... —dijo Amy con una risa forzada.

Matt murmuró algo mientras pasaba entre Amy y Georgia y avanzaba unos pasos.

—¿Qué ha dicho? —preguntó Amy.

Georgia se estremeció.

—Ha dicho: «Yo también».

CAPÍTULO 5

—Si esto fuera una película de terror —dijo Georgia, nerviosa—, ahora mismo os gritaría que nos largásemos pitando de aquí.

Matt se echó a reír, pero Amy no le vio la gracia. Era demasiada coincidencia que allí hubiera un edificio justo como el que había descrito. Al levantar la vista, se dio cuenta de que las paredes de ladrillo estaban cubiertas de hiedra y que tenían unas telarañas grises que parecían como una segunda piel. Los barrotes metálicos que cerraban todas las ventanas estaban tan juntos que era prácticamente imposible ver nada a través de ellos. Las enormes puertas estaban hechas de metal macizo, frío y tan poco acogedor como el depósito de cadáveres de un hospital.

—Es como una prisión —dijo Ethan.

—La verdad es que es el lugar ideal para encerrar a alguien y luego tirar la llave —añadió Georgia.

—Vamos a ver si podemos entrar —propuso Matt y, acercándose a las puertas metálicas, les dio un empujón con el hombro. Pero las puertas ni se movieron.

Amy se acercó a la ventana más próxima, que tenía barrotes de metal gris en un marco metálico también gris y una lámina de cristal oscurecido. Se acercó más y trató de vislumbrar algo a través del cristal, pero era como mirar un lago negro en una noche sin luna. Extendió la mano para tocar uno de los barrotes...

Una sombra se movió al otro lado del cristal.

Amy dio un salto hacia atrás, respirando agitadamente.

—¿Qué demon...? —exclamó, pero la interrumpió una voz desde la esquina.

—¡Eh! —gritó Ethan—. ¡He encontrado una entrada!

Amy se quedó quieta un momento. Echó otro

vistazo a la ventana, pero lo único que vio fue oscuridad. Se le puso la piel de gallina.

Amy dobló la esquina del edificio y se reunió con Ethan. Este había encontrado una puerta de garaje que no se había desenrollado totalmente hasta el suelo y dejaba un pequeño resquicio en la parte baja. El estrecho hueco parecía sucio y poco acogedor.

Ethan se acercó, se agachó, agarró el borde de la puerta e intentó empujarlo hacia arriba.

—Un momento, chicos —dijo Amy—. ¿Estamos seguros de querer entrar ahí?

Ethan simplemente la ignoró y empezó a manipular la puerta.

—Está atascada —lamentó, quitándose de las manos un poco de óxido que se le había quedado pegado.

—¿Qué se supone

que vamos a hacer, pasar por ahí abajo como si fuésemos lagartijas? —continuó Amy.

—Podemos entrar arrastrándonos—sugirió Matt—. Ya paso yo primero. A no ser que uno de vosotros prefiera tener el honor...

—¡Ni en sueños! —exclamó Georgia—. ¡Todo tuyo!

—¿Por qué estamos haciendo esto? —preguntó Amy—. ¡Ni que quisieras que ese Zukov fuese real!

—Espíritu aventurero, hermanita. —Matt se puso a gatas y consiguió entrar por el hueco de la puerta.

—¡Eh! —gritó Amy—. Vuelve...

No obtuvo respuesta desde el otro lado. Reinaba un silencio total.

—¡Genial! —masculló Georgia—. ¡Matt! ¿Matt?

—Pues me temo que no vamos a tener más remedio que seguirle.

Los tres amigos se miraron uno al otro, suspirando.

—Podría haber una trampa mortal ahí dentro —dijo Amy.

Entonces, un brazo apareció súbitamente bajo la puerta del garaje. Parecía el brazo de un zombi, agitándose y dando zarpazos. Pero era Matt con otra de sus bromas.

—¡Jo! —rio a través del hueco que dejaba la puerta—. ¡Sois un muermo! Este edificio está totalmente abandonado, ¿vale?

—¿Ves algo? —se interesó Ethan.

—Aún nada —se lamentó Matt. Sus piernas desaparecieron bajo la puerta y al poco se empezaron a oír una serie de rozaduras. Luego, la puerta comenzó a levantarse con un ruido parecido al de una cadena de ancla levándose en un barco de guerra. Matt apareció de pie, sucio pero triunfante.

—He encontrado el mecanismo —dijo—. Bueno, entrad si os atrevéis. Y si alguien tiene miedo, que se quede fuera.

Ethan se reunió rápidamente con él en el oscuro interior. Georgia le lanzó una mirada a Amy y entró también. A Amy no le quedó más remedio que seguirles; no iba a dejar que su hermano se burlase de ella por no atreverse a entrar.

Matt accionó un interruptor y el garaje se inundó de luz. A primera vista, a Amy le pareció todo de lo más normal: varios estantes de aluminio y unos cuantos neumáticos apilados contra la pared. Olía a aceite derramado sobre hormigón, humedad, caucho y gasolina.

—Aquí no hay gran cosa... —dijo.

Georgia, en cambio, enseguida señaló una puerta al fondo del garaje con un cartel que ponía SOLO PERSONAL AUTORIZADO. En cuanto Matt la vio, no hubo manera de detenerlo; se acercó y giró el pomo.

—¡Bingo! —exclamó.

Una luz amarillenta se filtraba desde el pasillo al otro lado de la puerta. Amy respiró hondo e hizo un silencioso gesto de aprobación a los demás. Traspasaron el umbral uno tras otro, adentrándose en el silencioso edificio. La luz —más bien escasa— provenía de unas descoloridas lámparas que zumbaban y parpadeaban en el techo. Los pasillos, largos y vacíos, parecían los de un hospital abandonado.

Amy olfateó el aire e hizo una mueca.

—Yo también noto el olor —susurró Georgia—. Parece como comida para perros estropeada.

De repente, a su espalda, un largo estruendo los sobresaltó. Ethan tragó saliva y Georgia lanzó un chillido agudo. Matt estaba pálido.

—¿Qué diablos ha sido eso? —murmuró.

—Mirad —dijo Amy señalando la puerta del garaje, ahora completamente cerrada.

—Se habrá cerrado sola, ¿no? —balbuceó nerviosa Georgia.

—Claro que sí —afirmó Matt—. Supongo que por haberla forzado.

—¡O quizá ha sido el hombre barbudo con un hacha que he visto ahí fuera! —sonrió Ethan—. Ahora que estamos atrapados aquí dentro, ¡nos va a cortar a rodajitas como si fuésemos chorizos!

Amy suspiró.

Lentamente, avanzaron por el pasillo hasta el corazón del edificio. Las luces seguían zumbando de forma intermitente, como insectos atrapados detrás de un cristal.

Matt probó a abrir una puerta tras otra, pero todas estaban cerradas.

—¡Eh! —exclamó Georgia, señalando hacia la izquierda—. Esas otras puertas de ahí delante están abiertas.

El pasillo se doblaba en forma de L y mostraba varias puertas más. Se acercaron a la más cercana. Amy lanzó un breve silbido al entrar en la pequeña habitación, una estrecha celda blanca sin ventanas. Las paredes y el suelo estaban cubiertos de una especie de acolchado de cuero. Una habitación semejante apareció al abrir la puerta siguiente y también tras la tercera. Amy señaló con el dedo el mullido acolchado a cuadros que cubría las paredes y el suelo. Lo tocó. Era blando. Varias correas de cuero colgaban de las paredes.

—Celdas vacías —murmuró Ethan—. Para prisioneros o...

—Para pacientes —terminó Amy en su lugar—. Para hacer experimentos.

CAPÍTULO 6

—¿Como ratas de laboratorio? —se burló Matt.

—¡Eh! —le espetó Georgia.

—¿Qué pasa?

—Que eran personas las que estaban aquí —dijo Georgia—. Un respeto.

Matt levantó las palmas de las manos.

—Vale, vale. Lo retiro. Perdona.

Amy miró a su alrededor, intentando imaginar cómo sería pasar días y días encerrada en ese agujero blanco y vacío. La cama tenía unas correas enormes que habrían sujetado hasta a un elefante. La historia de Matt que decía que aquel lugar era una instalación para experimentos científicos cada vez parecía más posible.

Dio varios pasos sobre el suelo blando. Había

visto una serie de objetos en un rincón de la celda: una revista que anunciaba un antiguo programa de televisión; un cepillo de pelo y un vestido pasado de moda; un bote de desodorante oxidado, un cepillo de dientes y varias páginas de papel rayado, arrancadas de algún cuaderno de anillas y escritas a mano.

Amy recogió cuidadosamente todas las páginas que pudo encontrar. Supuso que debía de haber sido una mujer la que había estado encerrada allí; tal vez ella podría ayudarles a entender qué era aquel inquietante lugar.

—Es un diario —dijo.

—¿De quién es? —preguntó Ethan desde la puerta.

—No lo sé. Escucha esto: «Inyectados 2 ml de Lote Siete esta mañana. Me dicen que puede que sienta algún mareo, pero todo bien hasta ahora. ¿No sería un lote defectuoso? Si lo es, va a ser una semana muy aburrida...».

—¿Lote Siete de qué? —quiso saber Ethan.

—Supongo que sería un medicamento. —Amy siguió hojeando las páginas—. «Día cuatro. El brazo me quema. Los dolores de cabeza empeoran. ¿Por qué no querrán darme analgésicos? No puedo parar de vomitar. Gripe, peor que nunca.»

—Salta hasta el final, Amy —dijo Ethan—. Igual consiguió alguno de esos superpoderes para soldados de los que hablaba Matt anoche.

—No creo —negó Amy con decisión. Sostenía en la mano la última página, que estaba escrita solo en la parte superior. La otra parte estaba repleta de dibujos de figuras mitad humanas mitad animales y de algunas extrañas letras retorcidas que parecían signos esotéricos. Era como si la mujer hubiese enloquecido por culpa del Lote Siete. Quizá esa era la razón por la que la habían encerrado en aquella celda de paredes acolchadas. O a lo mejor había sucedido algo aún peor, algo que explicaría por qué las correas de las paredes estaban rotas...

«Las voces no se callan nunca —leyó Amy en la última página—. Ellos me vigilan desde detrás de las paredes...»

—Basta, no leas más. Da mucho repelús —dijo Ethan—. ¿A lo mejor tenía alucinaciones?

—Ojalá solo fueran eso —murmuró Amy mientras se guardaba en un bolsillo las páginas del diario. Luego se apoyó contra la pared, cerró los ojos e intentó respirar despacio para calmarse.

—¡Chicos! —gritó Matt desde la celda de al lado—. Echad un vistazo a esto.

Amy estaba encantada de poderse largar de aquella habitación. Cuando entraron en la otra celda acolchada, encontraron a Matt con una foto en blanco y negro en la mano.

—Mirad qué guaperas —dijo—. Ethan, ¡nunca me habías contado que tu padre trabajaba en un laboratorio científico!

En la foto se veía un hombre de aspecto nervioso, con gafas redondas, cabeza calva brillante con algo de cabello fino a los lados y barba poblada. Llevaba una chaqueta que parecía hecha de tela de cortinas y pantalón de campana.

Georgia examinó la foto de cerca.

—Tienes que reconocerlo, Ethan, Matt tiene razón: ¡pareces tú en el futuro!

Amy entendió rápidamente adónde querían llegar Georgia y Matt. Los pómulos pronunciados de aquel hombre y su expresión seria recordaban a Ethan. Mientras miraba aquella foto, volvió a sentir la sensación de temor que había experimentado antes, pero ahora con más fuerza.

—¡Ja, ja! —rio Ethan—. Mi padre tiene una panadería, ¿no os acordáis?

—Ya, pero ¿y si este barbudo fuera tu verdadero padre? —se burló Matt.

—Además, eso explicaría tu forma de vestir —siguió con la broma Georgia.

Matt añadió:

—O quizá este hombre te creó a ti a partir de su propio ADN. Como en un experimento científico.

Ethan se cruzó de brazos.

—¡Qué amigos más majos ! Es que me parto,

en serio. —Miró a Amy, esperando que se uniera a la broma.

A Amy no le faltaban ganas: reírse juntos les vendría bien en aquel lugar tan lúgubre. Pero, por alguna razón que no podía identificar, aquella foto la había hecho sentirse intranquila y nerviosa.

Volvió a tener la sensación de que se le escapaba algo importante; quizá era algo que Matt había mencionado la noche anterior, un detalle menor de su historia, fácil de pasar por alto, pero cuyo olvido podía traer terribles consecuencias...

Aunque no tuvo tiempo para seguir pensando. Al otro extremo del pasillo oyeron un extraño sonido, como de garras arañando una superficie lisa, que se acercaba lentamente.

Matt se volvió con rapidez.

—¿Qué es eso?

Amy sabía la respuesta. Sonaba como el ruido que hacía su perro cuando estaba desesperado por salir afuera y se ponía a arañar frenéticamente la puerta de la cocina de casa. Era un ruido de garras.

Un momento después, todos escucharon cómo aquella cosa que arañaba emitía un grave y largo gruñido que resonó por todo el pasillo, seguido de un estruendoso rugido. El sonido de los arañazos se hizo más fuerte a medida que la bestia se les acercaba.

—¡Un perro guardián! —gritó Amy—. ¡Estamos ATRAPADOS!

CAPÍTULO 7

Amy miró por el pasillo y fue la primera en ver que el animal estaba doblando la esquina.

—¿Qué es esa COSA? —Enseguida comprendió que no se trataba de un perro guardián normal.

Lo que avanzaba hacia ella era más bien una bestia de pesadilla. Tenía el tamaño de un dóberman, pero los fuertes músculos de un pitbull de combate. Los ojos casi se le salían de las órbitas, llenos de rabia, y llevaba un extraño collar metálico en el cuello. Se horrorizó más aún al ver los cables que salían del collar y se hundían en la carne del perro. De repente, el animal se detuvo, lanzó tres afilados ladridos y gruñó amenazadoramente.

Los cuatro se quedaron paralizados por el te-

rror. El gigantesco perro tenía el pelo con manchas negro y marrón, como de camuflaje militar. Sus colmillos eran largos y curvados, no se parecían en nada a lo que Amy hubiera visto nunca. En cuanto el perro volvió a avanzar hacia ella, empezó a gritar:

—Corred, corred... ¡CORRED!

Matt salió corriendo de la habitación con

Ethan detrás. El enorme perro mostró los dientes y gruñó. Luego se agachó, dispuesto a abalanzarse sobre ellos. Sus enloquecidos ojos se hicieron aún más grandes y blancos, como pelotas de ping-pong.

Georgia se tropezó con la puerta mientras sostenía su mochila con una mano y hurgaba en ella con la otra.

—Georgia, ¿qué haces? ¡Corre! —le chilló Amy.

—Lo tengo aquí, en algún sitio... —Georgia sacó un paquete de plástico y rasgó un extremo.

—¿Carne seca? ¿Estás de broma? —gritó Ethan.

Georgia le lanzó el contenido al perro: varios pedazos de carne seca aterrizaron en el suelo. El perro frenó de golpe y olisqueó uno de los trozos, dejando caer al suelo grandes gotas de baba. Pero enseguida les volvió a mostrar sus grotescos dientes.

—Creo que eso solo funciona en las películas —alegó Ethan.

Sin hacer ni caso de la carne, el perro bajó la

cabeza y se lanzó al ataque. Los cuatro echaron a correr a toda prisa por el pasillo, con Matt a la cabeza. No podían salir por donde habían entrado, no había tiempo, así que se adentraron aún más en el edificio.

—¿Por dónde vamos ahora? —exclamó Amy cuando vio que el pasillo se bifurcaba a derecha e izquierda.

—¡Ni idea, Amy! —respondió Matt—. ¡Tenemos que librarnos de ese chucho primero para poder pensar!

Justo en ese momento, el perro se abalanzó sobre ellos con la gran boca muy abierta y gruñendo terriblemente. Amy pudo esquivarlo saltando con agilidad hacia atrás cuando el animal pretendía estamparla contra la pared. Le dio una fuerte patada en una de las patas cuando el perro volvió a atacarla y logró que cayera al suelo dando vueltas.

—¡Este mostruo no se rinde nunca! —gritó.

Los cuatro echaron a correr de nuevo. Era imposible saber si iban en la dirección correcta, pero no tenían otra opción. Al doblar una esquina, Ethan se tropezó por culpa de su tobillo lesionado y cayó al suelo con un aullido de dolor. Por instinto, Amy lo agarró de un brazo y consiguió ponerlo nuevamente en pie. Ethan siguió adelante, avanzando lento como un buey.

Amy le dio un empujón para ayudarlo, pero justo en ese momento algo la agarró de la pernera de su pantalón y tiró de ella con una fuerza infernal. Un dolor punzante y ardiente le hizo comprender que el perro la había mordido.

—¡NO! —Se puso de espaldas y trató de escapar. El perro le plantó la enorme cabeza frente a la cara y ella, sin pensarlo, aprovechó para darle un puñetazo. Georgia y Matt la agarraron de un brazo y tiraron para ponerla en pie. El perro se abalanzó de nuevo sobre ella, pero lo único que obtuvo fue un trozo de tela.

—No ibas muy desencaminada con lo de que este sitio era una trampa mortal, ¿eh? —dijo Georgia jadeando.

Ethan miró hacia el perro, que seguía entretenido con el trozo de tela arrancada de los vaqueros de Amy.

—¡Vamos, ahora está distraído!

La voz de Matt sonó por delante de ellos:

—Venid todos aquí, ¡rápido!

Con una mueca de dolor, Amy echó a correr. La vía de escape que Matt había encontrado eran un par de robustas puertas de acero con unos cerrojos muy gruesos, parecidas a las de los contenedores que llevaban los barcos, y que hasta al perro mutante le costaría muchísimo atravesar.

Uno a uno se colaron rápidamente por ellas. Matt cerró las puertas de golpe y el cerrojo se encajó en su sitio. Se encontraron en una habitación totalmente a oscuras. Solo la fina franja de luz que entraba por debajo de las puertas les permitía percibir un poco el interior de la habitación. Al otro lado, seguían oyéndose gruñidos y sonidos de zarpas moviéndose de un lado para otro, aunque más espaciados que antes.

—Genial, Matt —suspiró Amy—. ¡Me alegro tanto de que nos hayas hecho seguirte hasta este edificio completamente «abandonado»!

—¿Y cómo iba a saber que nos atacaría un perro mutante? —replicó Matt.

—¡Es verdad, es una especie de mutante! Seguro que fue parte de algún experimento científico que salió mal —dijo Georgia con un escalofrío.

—O que salió bien —añadió Ethan.

Georgia negó con la cabeza.

—¿Bien? ¿Ese monstruo?

—Piénsalo. Si quisieras convertir a un perro en una máquina de combate, ¿no le pondrías camuflaje? ¿Y dientes como puñales? Seguramente lo diseñaron así.

—Ingeniería genética —dijo Amy—. Con animales. Me suena... Me parece que Matt nos debe algunas explicaciones.

—¡Vale! —suspiró Matt —. Ya os lo he dicho antes, pensaba que era solamente una de esas historias que se cuentan por ahí. Pero está claro que en este caso hay algo de verdad.

Los ojos de Amy se fueron acostumbrando progresivamente a la oscuridad casi total. Estaban en una especie de almacén en el que varias filas de estanterías metálicas se alineaban contra las paredes y en el centro de la habitación, dejando pequeños pasillos entre ellas. Todas las estanterías estaban repletas de unos recipientes oscuros, apiñados unos contra otros.

—Todos estamos de acuerdo en que este tiene que ser el laboratorio del que hablaba Matt, ¿no? —preguntó Amy.

—Tiene que serlo —admitió Ethan.

—¡Seguro! —balbuceó Georgia.

Matt dejó escapar un suspiro.

—Sí. Pero no me preguntéis cómo puede ser que lo supiera. Necesitamos más respuestas.

Se quedaron en silencio.

¿Silencio? Amy escuchó atentamente.

—Chicos, ya no se oye ningún ruido.

—¡Genial! Pues ahora a ver si encontramos un interruptor de la luz. —Matt parecía contento por primera vez.

Por parejas, empezaron a moverse a tientas por la habitación, deslizando suavemente los dedos por todas las superficies. De repente, Georgia lanzó un pequeño grito cuando algo le rozó la cara, pero siguió andando a tientas con los brazos por delante hasta que sus manos tocaron algo.

—¡Lo encontré!

Tiró del cordón. De inmediato, una luz brillante inundó la habitación. Georgia dejó escapar un grito ahogado y dio un paso atrás.

Amy retrocedió también, lanzando un ALARIDO DE TERROR.

CAPÍTULO 8

—¡ARGGG! —exclamó Georgia—. ¿Qué es este sitio?

Amy observó los frascos de las estanterías. Todos ellos contenían cabezas cortadas. Cientos y cientos, un público espantoso y callado que miraba hacia abajo desde cada uno de los frascos, en cada una de las filas de cada estantería... Aquellos rostros de hombres y mujeres muertos de todas las edades la miraban, sumergidos en el líquido turbio que llenaba los frascos, pero todavía visibles bajo las luces. A Amy le entraron ganas de vomitar. También había animales. Un perro la miraba fijamente con sus tristes ojos marrones y las largas orejas flotando. A su lado vio la horrorosa cabeza desollada de un ciervo que parecía lanzar un in-

terminable gruñido por su descarnada dentadura y cuyos ojos parecían huevos hervidos en sangre.

—¡Y yo que pensaba que tenía mala cara hoy! —bromeó Ethan.

—Se acabó —dijo Georgia—. No vamos a perder ni un minuto más en este manicomio.

Hasta Matt parecía nervioso.

—Vale, admito que las cosas se están poniendo un poco raras.

—¿No dijiste algo sobre cerebros que podían sobrevivir fuera de sus cuerpos? —le preguntó Amy

a Matt—. Ya va siendo hora de salir de este sitio. Busca una puerta. Un conducto de ventilación. Lo que sea. Me da igual lo que hagan aquí. ¡Larguémonos ya!

—Estáis viendo todos lo mismo que yo, ¿no? —dijo Ethan desde el otro lado de la habitación—. No me he vuelto loco, ¿verdad?

Ethan se acercó a uno de los frascos. En ese momento, el brazo que contenía se agitó; la mano se movió hacia él, haciendo que el frasco se tambalease en la estantería. Las puntas de los dedos se pusieron blancas al presionar contra el vidrio. Ethan gritó y se alejó pitando. Aquellos dedos muertos se cerraron súbitamente como tratando de agarrarlo, como si de algún modo sintieran que seguía allí.

Amy dio un salto hacia atrás.

—Pero ¿qué demonios? ¡No puede ser! Es imposible descuartizar a la gente y que luego los trozos sigan vivos. Tiene que haber algún truco.

—Tampoco parecía posible crear perros con

dientes como cuchillos y pelo de camuflaje y ya lo has visto —replicó Ethan.

—Amy tiene razón. Tenemos que buscar la forma de salir de aquí —dijo Georgia.

—Podríamos volver por donde hemos entrado —sugirió Matt.

—¿Con el bicho ese ahí fuera?

—Es verdad. Dejémoslo como último recurso. Echemos un vistazo. Este espacio es muy grande, tiene que haber alguna salida por otro lugar.

Se dividieron por parejas y empezaron a buscar cualquier posible salida. Amy no veía nada en el nivel inferior, pero entonces se le ocurrió una idea. La habitación era bastante alta, así que en la parte de arriba tenía que haber alguna ventana. Se puso a observar la parte superior de la habitación y no tardó en encontrar una posible vía de escape en forma de pieza de tela negra colgando de lo alto de la pared. Era una cortina, sin lugar a dudas. Y donde había una cortina, por fuerza tenía que haber una ventana.

—¡Chicos, mirad hacia arriba! —sugirió.

Matt se golpeó una mano con el puño.

—¡Sí! ¡Así es como vamos a salir de aquí!

—Pero ¿cómo vamos a llegar hasta ahí arriba? —preguntó Georgia sin verlo claro.

Amy miró hacia la cortina de la posible ventana y luego las estanterías llenas de frascos debajo.

—Trepando —sugirió.

—¿Pisando entre esas cosas de los frascos?

—¿Tenéis alguna idea mejor?

—No —negó Matt—. Voy a decir algo que no suelo decir: Amy tiene razón. ¡Subiré yo primero!

—Eso no te lo voy a discutir —dijo Amy.

Matt calculó la altura y luego trepó sobre la primera estantería, haciendo crujir con su peso los viejos tornillos y tuercas que la mantenían en pie. Las cabezas de los frascos lo miraban con ojos desorbitados; una incluso abrió la boca y se movió como tratando de morderle la pierna. Amy no pudo dejar de preguntarse cuánto de mente humana podía quedar en aquellas cabezas. Parecían zombis. Una de ellas tenía un ojo fuera de la órbita, colgando sobre la cara.

Matt consiguió llegar al estante superior, gruñendo por el esfuerzo, y la estantería entera se balanceó un par de centímetros a un lado y al otro. Tiró de la cortina hacia abajo y la luz del día inundó la habitación. La ventana tenía toda la pinta de no haber sido abierta en años.

—¡Dale unos golpes! —le gritó Ethan.

Matt aporreó varias veces el marco de la ventana, con el rostro crispado por el esfuerzo. Al poco, el marco cedió, crujiendo como un viejo diente al soltarse de la encía. El aire fresco entró de inmediato. Matt salió por la ventana a un techo plano, luego se volvió y estiró la mano hacia el interior.

—¡Vamos, subid! Uno a uno.

Ahora le tocaba escalar a Ethan. Georgia y Amy lo ayudaron a encontrar apoyo al principio y Matt lo agarró de la mano en cuanto consiguió llegar arriba. Amy vislumbró un rayo de esperanza. Georgia escaló la estantería con facilidad. Solo quedaba Amy, a quien la idea de tener su cuerpo a tan poca distancia de aquellos frascos le revolvía el estómago. Pero sabía perfectamente que tenía que hacerlo, así que apoyó un pie en el primer estante.

«Sigue —se animó a sí misma para sus adentros—, no los mires.»

Tomó impulso hasta el siguiente estante y luego hasta otro. Se secó el sudor de la cara y miró hacia arriba: al hacerlo, se encontró mirando directamente a la cara de alguien que conocía.

Era una mujer mayor, con ojos como canicas grises y cabello canoso.

«Conozco esa cara. Veo esa cara TODOS LOS DÍAS.»

Un torbellino de confusión se apoderó de su mente. ¿De qué la conocía? ¿Sería una profesora? Imposible. ¿Trabajaría en alguna tienda? No conseguía recordarlo, pero estaba segura de que la conocía.

Pero ¿cómo era posible haber reconocido a alguien en una cabeza decapitada conservada en un frasco? A menos que...

«¡Yo ya he estado aquí!»

Sintió una repentina sensación de que ya había vivido todo aquello antes. Aquellas estanterías seguían un orden, un sistema que reconoció en el fondo de su mente.

—Amy, ¿qué pasa? ¡Mueve el culo! —le gritó Matt—. ¡RÁPIDO!

No podía seguir pensando en ello. Tenía que alejarse de aquella habitación y de los pensamientos que se agolpaban en su mente. En ese momento, sin hacer ni caso de las advertencias de Matt, escaló los estantes con todas sus fuerzas, como si se tratase de una escalera de mano.

Pero no lo era.

La estantería comenzó a balancearse hacia ambos lados a causa de su peso, alejándose de la pared. Amy trató de enderezarse, pero era demasiado tarde.

Intentó desesperadamente agarrarse al marco de la ventana... y no lo consiguió.

CAPÍTULO 9

Amy empezó a caer, moviendo los brazos, imaginando lo que significaría caer desde seis metros de altura hasta un suelo de hormigón...

Pero, de repente, la caída se detuvo de golpe con una fuerte sacudida que le produjo un doloroso tirón en el hombro.

—Amy, ¡aguanta!

Encima de ella, Matt había conseguido agarrarla con fuerza por la muñeca. Debajo, varios frascos de vidrio se habían caído de los estantes rompiéndose en mil pedazos y esparciendo por el suelo su repugnante contenido. Entre los afilados fragmentos de vidrio, varias manos y pies amputados se agitaban como peces fuera del agua.

Amy estaba colgada en el vacío. Chillaba y pataleaba, esforzándose por encontrar algo sólido sobre lo que apoyarse.

Georgia dio un empujón a Ethan y, asomándose por el marco de la ventana, agarró a Amy del otro brazo; entre los dos enseguida consiguieron subirla hasta el techo.

—¡Uffff! —exclamó Amy, arrastrándose hasta quedar tumbada de costado sobre el techo plano. Nunca se había sentido tan aliviada—. Gracias, chicos.

—¡No hay problema! —dijo Matt—. ¿Qué ha pasado?

—N-no lo sé —balbuceó Amy—. Me parece que este sitio me está volviendo loca.

Matt se puso en pie, se sacudió el polvo y miró por encima del edificio.

—Pues preparémonos, porque ¡mirad!

A Amy no le habría importado seguir allí tumbada varias horas más, pero se obligó a levantarse. Lo que vio fue que el edificio se extendía en todas las direcciones, un tejado tras otro, gris y silencioso a la luz del sol.

Era bastante más grande de lo que pensaban.

—¿Cómo es posible que mantuvieran en secreto un sitio como este? —se preguntó en voz alta.

—¡Ni idea! —exclamó Georgia—, y, ahora mismo, la verdad, me importa más bien poco. Lo único que quiero es irme a casa.

—Ya, pero ¿cómo? —replicó Matt con cara sombría.

—¿Eh?

—¿Que cómo vas a salir de aquí?

—¡Y yo qué sé! —respondió Georgia—. Bajando por la fachada o... ¡como sea!

—No podemos bajar por la fachada —afirmó Matt con calma—, porque en la fachada no hay nada en lo que nos podamos apoyar. Y si saltamos, nos romperemos las piernas.

—Pues pensemos en otra cosa —dijo Georgia.

—Tenemos que volver adentro —concluyó Amy.

Georgia soltó una sonora risotada de incredulidad.

—¿QUÉ?

—No nos queda otra —añadió Matt—. Por

dos motivos: primero, que por este tejado no hay salida. Y segundo... Que yo sigo necesitando respuestas. Tengo que saber más, porque este sitio...

No supo cómo terminar la frase y Amy lo hizo en su lugar:

—Porque este sitio es como cuando tienes una pesadilla y no puedes escapar: es horrible, pero tienes que seguir peleando para despertarte.

Matt la miró fijamente, atónito.

—Sí. Es eso exactamente, ¿tú también lo sientes?

—Sí, ¿tú no, Georgia?

—No —negó Georgia con firmeza, mirando a Amy.

—Yo tampoco —añadió Ethan encogiéndose de hombros—. Pero me parece bien que volvamos atrás. Mi tobillo está bastante mal, y eso que no me lo he roto. Así que escojamos una de esas claraboyas y bajemos. —Sonrió—. ¡Siempre soñé con ser Batman!

Amy se echó a reír. Los cuatro se dirigieron a la claraboya más cercana. Amy intentó ver algo entre la espesa oscuridad, pero era difícil distinguir nada debajo. Sacó una navaja de su mochila y la introdujo por el cierre de la claraboya; este se abrió con un chasquido y la ventana giró hacia fuera.

—¡Tachán! —exclamó.

Debajo, el pasillo estaba oscuro, pero Amy pudo distinguir una pila de basura que amortiguaría su caída. Matt saltó el primero y aterrizó sobre el montón de bolsas. Sin perder tiempo, Amy, Ethan y Georgia lo siguieron. Georgia refunfuñó un poco al salir con una piel de plátano sobre la cabeza.

—Lo último que me queda es morirme aquí dentro con esta pinta... —empezó a lamentarse.

—Pues a mí me parece que estás mejor que nunca —la provocó Ethan.

Georgia le dio un codazo en las costillas. Luego, los cuatro se aventuraron por los laberínticos pasillos. Las claraboyas eran pocas y distantes entre sí, y la luz que se filtraba por ellas iba disminuyendo. Todos sentían como si hubiera pasado mucho tiempo desde aquella mañana, cuando habían salido del campamento.

Vieron algunos espacios fáciles de identificar,

como un comedor vacío y una sala de juegos con una larga mesa de billar abandonada. Una máquina expendedora mostraba chocolatinas caducadas hacía tiempo y Amy comenzó a notar hambre. De nuevo volvió a sentir una horrorosa familiaridad con todo aquello; estaba casi segura de haber estado antes en aquel sitio.

De algún lugar delante de ellos comenzó a llegarles un tenue y extraño sonido rítmico. Amy aguzó el oído. Matt alzó una mano para que todos se detuvieran.

Bum-raaas. Bum-raaas.

—¿Será el perro? —susurró Ethan—. ¿Habrá vuelto?

—No —replicó Amy—. Parecen pasos.

Nada más terminar de decirlo oyeron otro sonido. Un gruñido bajo e indescifrable.

—¿Qué diablos...? —empezó a decir Georgia, pero antes de que terminara la frase todos vieron qué era lo que hacía ese ruido. Un hombre con bata de conserje avanzaba hacia ellos cojeando. Tenía el pelo lacio y la mandíbula le colgaba floja. Se movía como un juguete de cuerda roto. A cada paso arrastraba su pierna izquierda. Su rostro inexpresivo e inanimado no mostraba el menor signo de consciencia.

—O ese tío se ha tomado un par de copas de más o... —tartamudeó Ethan para sí mismo—. O es un z-z-zombi...

El hombre pasó debajo del débil haz de luz que llegaba de arriba y los cuatro pudieron verle los ojos: estaban totalmente blancos. Levantó hacia ellos una mano en la que los dedos se cerraban y abrían con sacudidas espasmódicas.

—¡Salgamos de aquí! —chilló Amy—. ¡RÁPIDO!

CAPÍTULO 10

Los cuatro echaron a correr. El hombre de los ojos blancos gruñó otra vez, arrastrándose tras ellos. Amy sabía perfectamente que solo tendría que perseguirlos hasta acorralarlos en un callejón sin salida.

—¿Qué demonios es eso? —gritó Matt.

—Otro experimento —sugirió Amy—. ¿Un supersoldado, quizá?

—¡No parece muy súper, la verdad! —apostilló Georgia—. Más bien un muerto viviente.

Doblaron rápidamente una esquina, pero encontraron el camino bloqueado. Las puertas de salida de incendios del final del pasillo estaban obstruidas, con las barras antipánico cerradas con una cadena.

—¡Oh, genial! —se exasperó Ethan.

—¡No hay tiempo para quejas! ¡Seguid corriendo! —rugió Matt.

No tenían más remedio que volver atrás y buscar otra salida. Mientras, el hombre seguía acercándose a ellos cada vez más, sin parar de gruñir.

En su carrera, llegaron a una parte del edificio que no habían visto antes, con estrechos pasillos y las paredes llenas de lo que parecían paneles de control. El aire olía a aceite de motor y a conexiones eléctricas quemadas. Hasta la iluminación del techo era diferente, de un color rojo sangre apagado, como las luces de emergencia.

El pasillo se torcía primero hacia la izquierda y luego hacia la derecha. Entonces, Amy vio delante de ella unas palabras brillantes sobre la pared de la derecha.

SALIDA DE EMERGENCIA

—¡Por aquí! —gritó mientras se abalanzaba hacia la puerta. De un golpe, empujó la barra hacia abajo, los cierres se soltaron y las puertas se abrieron. Amy siguió corriendo. Las hojas crujían bajo sus pisadas y el aire frío hizo que le dolieran los pulmones. Algunas ramas de árbol la azotaron mientras corría.

Siguió corriendo y corriendo y, poco a poco, sus jadeos se convirtieron en risas. Los otros tres la seguían de cerca. Finalmente, se quedó sin aire en los pulmones y se paró con el cuerpo flexionado. Una ola de alivio la envolvió: estar al aire libre nunca le había sentado tan bien.

—Lo hemos conseguido —dijo Georgia, jadeando.

—¡Os lo he dicho! —sonrió Matt—. ¿Cuándo vais a convenceros de que siempre tengo razón?

Amy suponía que Ethan le contestaría con alguna broma, como hacía siempre, pero, al mirar hacia atrás, no lo vio.

—¿Dónde está Ethan? —preguntó.

A Matt se le borró la sonrisa de la cara.

—¡Si venía justo detrás de ti!

Amy miró entonces hacia el edificio. A través de las ramas bajas y del patio cubierto de vegetación pudo ver que las puertas de la salida de incendios seguían abiertas. Pero Ethan no estaba allí. Había desaparecido.

Amy estaba horrorizada.

—¡Ethan! —gritó—. Ethan, ¡sal de ahí!

—¡Dios! —exclamó Matt—. Igual que ayer en el riachuelo. Sabía que iba a ser un lastre para nosotros.

—¡Oye! —le espetó Georgia—. ¡Que ese lastre es nuestro amigo!

Amy cerró fuerte los puños por la frustración. ¿Cómo habían sido tan estúpidos como para dejar a Ethan atrás? Ahora no tendrían más remedio que volver a meterse en aquel lugar infernal. Seguramente le había dolido el tobillo, había ido más lento y, así, hasta el conserje cojo había podido alcanzarlo.

Georgia caminaba dando vueltas y vueltas. Amy sabía que eso significaba que estaba maquinando algún plan.

—Vale —dijo—. Volvemos al campamento y recogemos nuestras provisiones. Luego, salimos del bosque y en cuanto veamos una casa llamamos a la policía.

—¿A la policía? —repitió Matt con desdén, como si lo que había propuesto Georgia fuera ponerse a vender galletitas para recaudar fondos para liberar a Ethan.

—¡La policía, sí! ¿Qué pasa? —explotó Georgia.

—¿Que qué pasa? ¿Cuánto tiempo crees que le queda a Ethan? —replicó Matt alzando la voz—. Volver al campamento nos llevará media hora, y tardaremos tres o cuatro horas más en encontrar un teléfono. Para entonces, Ethan será un zombi, igual que ese conserje.

—¡Callaos los dos! —los riñó Amy.

Georgia y Matt se miraron y luego miraron a Amy.

—Creo que tendrás que decidir tú, Amy —reconoció Matt.

Amy pensó en silencio todas las posibilidades, pero sabía que solo había una respuesta.

—Tenemos que ayudar a Ethan —dijo—. Y tenemos que hacerlo ahora.

Georgia se dispuso a protestar.

—Pero tú también tienes razón —añadió Amy rápidamente—. Necesitamos ir al campamento a por provisiones. Cuanto más equipo tengamos, mejor preparados estaremos para enfrentarnos a lo que haya ahí dentro.

Matt dudó un instante, pero enseguida estuvo de acuerdo.

—Venga, en marcha —exclamó Georgia—. Démonos prisa.

De vuelta al campamento, recorrieron sus tiendas de campaña como osos carroñeros, abriendo mochilas y sacando todo lo que pudiera serles útil. Hasta Georgia abandonó su orden habitual y volcó el contenido de su mochila en medio del claro. Matt hizo inventario de sus pertenencias: agua, una cuerda, un hacha de caza, la linterna. No iban a volver a aquel sitio sin estar bien preparados.

Pronto los edificios aparecieron de nuevo ante ellos, silenciosos y amenazantes. Con inquietud, vieron que la puerta por la que habían escapado estaba cerrada. Amy se preguntó si habría sido el viento el que la había cerrado... o algo más siniestro.

Matt señaló el hacha.

—Vamos a tener que improvisar.

La levantó por encima de su cabeza y golpeó

la puerta con todas sus fuerzas. El mecanismo de apertura se activó al instante.

—¡Venimos a sacarte, Ethan! —gritó mientras los tres cruzaban el umbral y se adentraban nuevamente en las entrañas de aquel sitio. La luz roja parpadeó con varios zumbidos.

Matt se paró nada más cruzar la puerta.

—Aquel zombi lo ha debido de pillar por aquí —dijo con un nudo en la garganta.

—¿Qué es eso? —Georgia se agachó a tocar una mancha oscura en el suelo.

—¿Sangre? —preguntó Amy, temiéndose lo peor.

Amy se tapó la boca con las manos.

—¡Ethan! —exclamó en un susurro—. ¿Puedes oírnos? ¡Ethan!

No obtuvo respuesta. Lo único que se oía era el zumbido de las luces y un lejano ruido como de arañazos, como un ratón atrapado tras las paredes de un antiguo edificio.

Georgia y Matt la imitaron.

—¡Ethan! —lo llamaban mientras caminaban, lo bastante alto como para que él los oyera, pero no tanto como para que los oyera nadie más. O, al menos, eso esperaban.

—No podemos saber seguro si se metieron por aquí —murmuró Georgia.

—Va, Ethan, ¿dónde estás? —susurró Amy—. Eth...

Fue interrumpida por un crujido metálico bajo sus pies.

Supo de qué se trataba antes incluso de agacharse a recoger el objeto.

—¡Oh, no! —se lamentó.

—¿Qué es? —quiso saber Georgia.

En silencio, Amy extendió la mano; en la palma tenía las gafas de Ethan, dobladas y con los cristales rotos.

CAPÍTULO 11

Matt cogió las gafas de Ethan de la mano de Amy y se las metió en el bolsillo.

—Esto solo significa que tenemos que actuar rápido, nada más.

—¡Venga! —exclamó Amy—. ¡Encontremos a Ethan!

El trío continuó adentrándose por el edificio. Amy siguió la pista de cristales rotos que habían quedado en el pasillo. Estaba segura de haber pasado antes por ese lugar, hasta que de repente se vieron bloqueados por una puerta de acero. Daba la sensación de que alguien estaba tratando deliberadamente de desviarlos, como si estuvieran participando en una especie de prueba.

—Como ratones en un laberinto —murmuró.

Georgia lanzó un silbido. Matt empuñó el hacha, pero esta le puso una mano sobre el brazo.

—Busquemos otro camino —propuso—. Nunca podrás atravesar el acero.

—Pero ¿por dónde? —preguntó Matt.

Georgia miró hacia delante.

—¿Qué tal por ahí? —señaló hacia una serie de puertas dobles. Encima de ellas, un letrero decía UNIDAD 42 y algo más que no se veía porque estaba cubierto de polvo. Georgia lo limpió y vieron que ponía: LABORATORIO DE PRUEBAS CON ANIMALES. Lanzó un suspiro—. ¿Créeis que tendrán gatitos y cachorros?

—Sí, gatitos a los que les encanta la carne humana, probablemente —respondió Matt—. Parece que no tenemos elección; y debemos mantenernos juntos. No podemos permitirnos perder a nadie más.

Dentro, el trío se encontró en una sala de recepción con un escritorio y un teléfono desconectado. Todo estaba en silencio, a excepción del extraño ruido de arañazos que Amy había oído antes.

—Chicos —dijo—, primero un extraño perro

y ahora unas instalaciones para experimentos con animales... ¿No es otro detalle de la historia de Matt que resulta ser verdad?

—Sí —reconoció Matt—. Animales... Humanos... Ese Zukov es un verdadero adicto al trabajo.

—Pero no puede haberlo hecho todo él solo —sugirió Amy.

—¡Ajá! —reconoció Georgia—. Demasiadas cabezas en frascos y zombis para un solo científico loco.

Georgia encendió su linterna e iluminó una puerta que tenía un ojo de buey con el cristal lleno de polvo. Del otro lado era de donde venían los ruidos de arañazos y, a veces, se escuchaba también algún deslizamiento como de algo pesado que estuviese siendo arrastrado por una superficie. A Georgia casi no le dio tiempo de apartarse antes de que Matt lanzase contra la puerta un hachazo que hizo volar algunas esquirlas de madera. Un segundo y un tercer hachazo mandaron al aire varias astillas más largas de la puerta, que Matt terminó de abrir con una patada.

—¡Listo! ¿Venís o no?

—Espera. —Amy movió la cabeza en dirección a la puerta—. Georgia, la linterna.

Amy la encendió y dirigió un vacilante haz de luz hacia el interior de la habitación.

La luz se reflejó en cientos de pares de pequeños ojos negros y brillantes. ¡Ratas! Y no unas ratas cualesquiera: eran unas ratas deformes, hinchadas, enormes. Con sus dientes amarillos roían incansablemente las barras de sus jaulas. Tras sus cuerpos cubiertos de pelo enmarañado arrastraban unas colas que parecían gusanos gigantescos mientras pisoteaban el suelo de las jaulas con sus patas, mucho más grandes de lo normal.

Así que aquel era el origen del ruido de arañazos.

—¡Lo que faltaba! —murmuró Georgia.

Amy entró en la habitación, manteniendo el haz de luz sobre las ratas. En una jaula, un grupo de ellas estaba ocupado devorando algo. Vio que se trataba de un trozo de carne roja de la que sobresalían unos huesos blancos. Con un escalofrío, se dio cuenta de hasta qué punto estaban roídos algunos de los barrotes de la jaula. La carne y los huesos no eran nada para ellas: esas criaturas podrían hacer pedazos a un ser humano en minutos.

—Alumbra hacia aquí un segundo —le pidió Matt. Amy apuntó con su linterna hacia el cartel que Matt estaba mirando.

PRECAUCIÓN: MÍNIMO DOS EMPLEADOS
EN TODO MOMENTO

—¡Al menos somos tres! —bromeó Georgia.

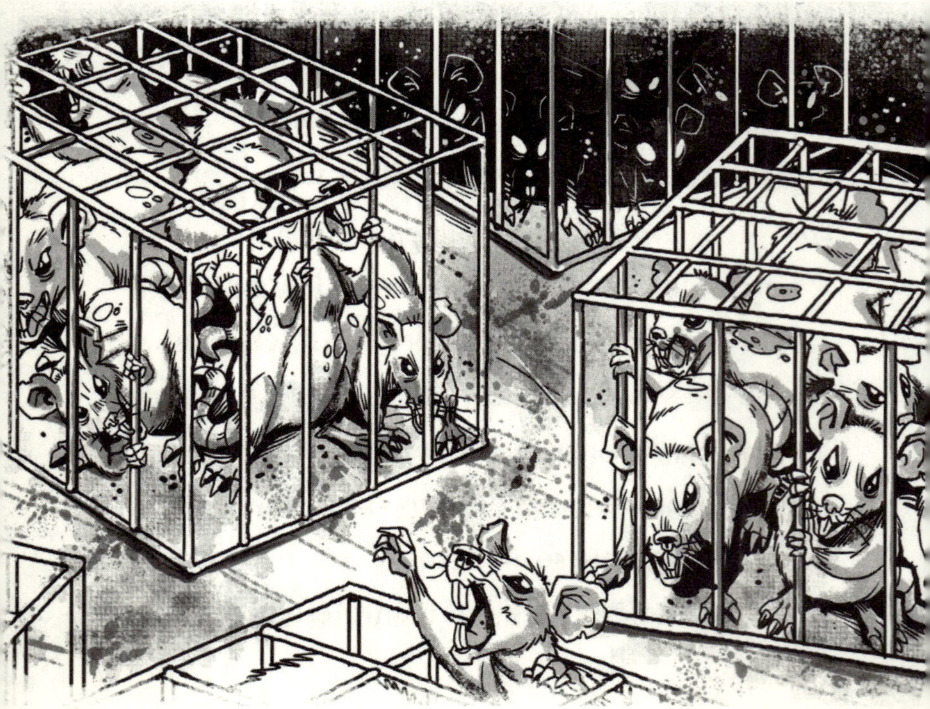

En el centro de la sala se veía un largo mostrador de laboratorio de color gris que a Amy le recordó a un sarcófago. Esparcidos sobre el mostrador había diversos frascos e instrumentos químicos, así como un portapapeles y algunas notas que alguien había escrito con una letra apretada y obsesivamente pulcra. Las cogió y comenzó a leer. Volvió a sentir la intrigante sensación de familiaridad de antes, como si la letra de aquellas notas le resultase conocida.

—«Los sujetos estudiados muestran un aumento de la agresividad —leyó en voz alta—. Varios miembros del personal han sido atacados.»

—¡Genial! —prorrumpió Matt—. Y yo que me estaba planteando llevarme una de mascota...

Amy ignoró a su hermano y siguió leyendo:

—«Las ratas que han sobrevivido a la primera fase muestran un significativo incremento de masa muscular y de hostilidad territorial. ¿Posibles aplicaciones militares?»

—¡Guau! —exclamó Matt—. Quien escribió eso era un psicópata.

—Sí. ¡Menudo encanto! Georgia, ¡ten cuidado!

Georgia se había acercado demasiado a una de las jaulas y una rata le clavó en el brazo un diente afilado como una espada. Georgia se la quitó de encima con un grito. Por suerte, el diente solo había rasgado la tela de su camiseta. La gigantesca rata le lanzó un chillido y tiró furiosamente de su jaula.

Georgia se encaminó hacia la puerta.

—Yo ya no tengo nada más que ver por aquí. Venga, ¡vámonos!

—Por mí, perfecto. —Matt la siguió. Amy arrojó las notas sobre la mesa de trabajo con una pizca de arrepentimiento; nunca llegaría a saber qué más secretos contenían o quién las había escrito. Seguro que el viejo de la bata blanca controlaba aquel lugar, pero no podía hacerlo él solo.

La única puerta de salida era maciza y sin ventanas, y tenía un teclado electrónico a un lado. Matt suspiró, abatido.

—¿Alguna idea, Georgia?

Georgia se encogió de hombros.

—¿Probamos a teclear números al azar?

—¡Uf! Nos llevaría un montón de tiempo. Tengo una idea mejor —sonrió—. Soy un hacha. ¡Literalmente!

—¡Matt, no! —gritó Amy al comprender lo que iba a hacer.

Demasiado tarde. Matt ya había dejado caer el hacha, con la que hizo añicos la pantalla del panel, que empezó a chisporrotear entre chasquidos. Varias chispas azules salieron disparadas, iluminando la oscuridad.

Entonces, para sorpresa de Amy, se oyó el clic metálico de una cerradura al desbloquearse, seguido del ronroneo de un motor.

Matt sonrió.

—¡Ábrete, Sésamo!

Los tres se quedaron mirando la puerta, esperando a que se abriera. Pero no sucedió nada.

Amy arrugó la frente. Seguía oyéndose el roce de metal contra metal, así que ¿por qué no se abría la dichosa puerta?

Entonces, Georgia miró hacia atrás y agarró a Amy de un brazo.

—No es la puerta, ¡son las jaulas!

CAPÍTULO 12

¡Estaban abriéndose las puertas de todas las jaulas! Las gigantescas ratas, locas de hambre, empezaron a correr por todas partes.

Amy se quedó paralizada de terror al ver cómo se aproximaban hacia ella...

—¡APARTAOS! —gritó.

Una de las ratas saltó sobre su pie, con la boca abierta, mostrando unos dientes afilados como cuchillas en sus babeantes mandíbulas. Amy la miró y le soltó una patada que la mandó a varios metros de distancia, volando por el aire hasta golpear la pared de la sala. Algunas de sus compañeras se abalanzaron sobre ella y empezaron a arrancarle vorazmente trozos de carne antes incluso de que dejara de moverse.

—¡Tenemos que encontrar algo para detenerlas! —gritó a los otros dos—. ¡Lo que sea!

Su mirada recayó entonces en la figura roja y cilíndrica de un extintor. Se metió la linterna de Georgia por el cinturón, agarró el extintor y lo sostuvo entre sus manos como una porra. Aquel hervidero de ratas se agitaba entre sus pies tratando de morderle los tobillos y las pantorrillas, arañándola con sus garras. Amy lanzó otro chillido salvaje cuando una rata le saltó encima, pero pudo atizarle un golpe con el extintor que la dejó tiesa.

Matt chocó de espaldas contra Amy, haciendo que casi perdiera el equilibrio. Una enorme rata consiguió trepar entonces por su cuerpo e intentó morderle en el cuello.

—¡¡¡Quitádmela de encima!!! —gritó Matt—. ¡QUITÁDMELA!

Georgia golpeó a la rata con la culata de la linterna, acertándole en el centro del cuerpo. El animal cayó al suelo con un golpe sordo.

Matt se tocó el cuello y al mirarse la mano vio sangre en ella.

—¡Son demasiadas!

Amy dio un salto, casi tropezando con una rata, y se subió a la mesa de trabajo.

—¡Podemos luchar desde aquí arriba! —dijo, jadeante. Levantó un brazo y ayudó a Georgia a subirse a su lado.

Una rata se lanzó contra ella, golpeó el borde de la mesa de trabajo y empezó a deslizarse hacia el suelo; aun así, siguió utilizando sus garras delanteras para aferrarse a la mesa, arañándola con furia, desesperada por alcanzar a sus presas. Matt alzó su hacha con un rugido y golpeó a la rata, que cayó al suelo con una pata cortada, chillando como un demonio. Luego, dándole un pisotón, también él logró subirse a la mesa de trabajo con un rápido movimiento.

Los tres estaban sobre la mesa, con sus armas en la mano, como náufragos en una balsa, mientras a su alrededor todo un mar de sucio pelaje gris se abalanzaba hacia ellos.

—¿Y ahora qué? —resopló Amy.

—¿No podríamos achicharrarlas? —Matt señaló con su cabeza los frascos químicos rotos del extremo de la mesa.

Amy agarró uno que contenía un líquido turbio y lo lanzó como si fuera una granada contra un grupo de ratas. El frasco se hizo añicos y su contenido salpicó a los roedores.

—¡Guau! —exclamó Georgia—. Esa cosa es corrosiva, ¡mirad!

El líquido había empezado a emitir un sonido siseante, como si estuviera hirviendo. Las ratas empezaron a chillar, agitándose violentamente. El hedor era insoportable. Amy se tapó la boca y la nariz. Los ojos le picaban y le lloraban.

—¡Oh, Dios! —tosió—. ¡Necesito aire!

—¡Ventilación! —gritó Matt—. ¡Eso es!

Los tres levantaron la mirada. Encima de ellos había lo que parecía la boca de un ancho embudo metálico que iba estrechándose hasta dejar una abertura cuadrada.

—Parece estrecho, pero no creo que tengamos otra opción —gritó—. Echadme una mano para subir.

Amy se puso en guardia, dispuesta a machacar a cualquier rata que se acercase demasiado, mientras Georgia hurgaba en su mochila; no tardó en encontrar la cuerda de escalada que había traído del campamento y la ató con seguridad alrededor de la cintura de Matt.

—Ya está. Primero te ayudo a subir y luego tú nos subes a nosotras.

Georgia entrelazó los dedos para ofrecerle un apoyo. Matt puso el pie encima, alcanzó el borde de la ventilación y empezó a introducirse como pudo en el conducto, pataleando en el aire. Luego, se oyó un ruido de arrastre y un grito de dolor cuando llegó a un recodo del mismo.

Debajo, las ratas habían rodeado completamente a Amy y a Georgia.

—¡Estoy dentro! —El eco de su voz resonó en el interior del conducto—. Georgia, ¡sube!

Georgia apoyó sus manos en el hombro de Amy.

—Te ayudo a subir en cuanto esté arriba, ¿de acuerdo?

—Vale. ¡SUBE YA!

Amy oyó los jadeos y resoplidos que Georgia emitía sobre su espalda mientras trepaba por la cuerda. Miró rápidamente por encima de su hombro y vio que la cuerda colgaba de nuevo y cómo una zapatilla de Georgia desaparecía por el conducto de ventilación.

—Supongo que me toca a mí —se dijo a sí misma—. Allá voy.

No había manera de llevarse el extintor consigo, era demasiado pesado, así que lo levantó sobre su cabeza y lo arrojó contra las ratas con todas sus fuerzas. Luego, se volvió y tiró de la cuerda.

—¡Que os den, apestosas!

La superficie de la mesa de trabajo era un hervidero de ratas. Amy gruñó y agarró la cuerda. Las ratas iniciaron su ataque y consiguieron desequilibrarla, hasta el punto en que la cuerda se le escapó de las manos.

—¡Vamos, Amy! —la apremió Georgia desde arriba.

Amy no podía responder. Las ratas pululaban sobre sus pies y se agarraban a sus piernas. Una de ellas se deslizó por su brazo como un horrible y abultado tumor.

Se tambaleó, perdió el equilibrio y cayó estrellándose contra la superficie de la mesa de trabajo.

Trató desesperadamente de ponerse en pie, pero solo consiguió rodar hasta el borde.

Terminó cayendo sobre una masa de cuerpos retorcidos. Abrió la boca para gritar, pero no consiguió emitir ningún sonido. Las ratas la habían cubierto por completo...

CAPÍTULO 13

Amy luchó con cada brizna de fuerza que le quedaba.

Se defendió a patadas y a puñetazos, intentando golpear aquellos blandos cuerpos que la rodeaban por todas partes. Sentía un dolor punzante cada vez que las ratas le daban un mordisco con sus dientes afilados. Le entró pánico.

—¡ARGHH! —rugió mientras se quitaba de encima una purulenta rata gigante. No iba a rendirse tan fácilmente. Vio sobre ella la cuerda colgando y las horrorizadas caras de Matt y de Georgia. Consiguió ponerse en pie y rozar la cuerda con los dedos. Con un gran esfuerzo, se agarró fuerte y trepó.

—¡Dejadme en paz, bichos asquerosos! —gritó.

Siguió trepando mientras Matt y Georgia tiraban de la cuerda. Centímetro a centímetro fue alejándose del suelo hasta que Georgia pudo estirar el brazo desde el borde del conducto y agarrarla con fuerza.

—¡Ya te tengo! —gritó su amiga.

Amy consiguió arrastrar su cansado cuerpo hasta el borde del tubo metálico y meterse dentro. Los tres se quedaron un rato jadeando, intentando recuperar el aliento.

La voz de Georgia sonó fría como el acero.

—¿En qué estabais pensando? ¡Sabía que teníamos que haber llamado a la policía mientras estábamos fuera!

—Ahora ya es un poco tarde para eso —replicó Matt—. Tenemos que encontrar a Ethan.

Amy sentía pinchazos por todo el cuerpo a causa de las mordeduras de rata, y además estaba sucia y llena de arañazos, totalmente embadurnada de la mugre y el polvo acumulados durante años por el aire acondicionado. Una gruesa telaraña se le pegó en el pelo y se le quedó colgando frente a los ojos. Se la quitó de encima con gesto cansado.

Solo podían tomar un camino: seguir el conducto de ventilación del techo a lo largo del edificio. De vez en cuando les llegaban ráfagas de aire maloliente, así que Amy se cubría los ojos hasta que el polvo y la arenilla terminaban de pasar volando. Estaban moviéndose en un recodo cuando el aire se llenó de un sonido bajo y siseante.

—Eh, ¿qué es eso? —preguntó Amy.

—El viento, supongo —respondió Georgia cubriéndose la cara.

Matt levantó una de sus manos indicando que se detuvieran.

—No es el viento. Escuchad. Es una voz...

Era un sonido apagado que llegaba de algún lugar distante. No se distinguían las palabras, pero sí el tono. Alguien estaba suplicando. La voz pedía ayuda.

Amy arrugó la frente y luego abrió mucho sus ojos.

—¿Ethan?

—¡Está vivo! —exclamó Matt, y se lanzó a reptar hacia delante con energía renovada.

Los tres siguieron abriéndose paso a lo largo

del conducto, gateando sobre sus manos y rodillas tan rápidamente como podían. Amy hizo esfuerzos por entender lo que Ethan decía. Las palabras fueron poco a poco haciéndose nítidas.

—No... ¡Estás loco!

—¡Venga! —los animó Amy—. Tenemos que llegar hasta donde esté. ¡RÁPIDO!

Sin embargo, al poco, Matt se paró. Estaban cerca.

—A partir de aquí, id despacio —les dijo—. Y sin hacer ruido.

Amy, Georgia y Matt llegaron hasta una rejilla en un costado del conducto y se detuvieron. La rejilla de acero dejaba el espacio suficiente para que los tres pudieran mirar a través de ella. La luz de debajo era brillante y los deslumbró.

La habitación que veían estaba sorprendentemente limpia y olía a antiséptico. Bajo una potente lámpara vieron una cama de hospital y a alguien tumbado en ella, atado con correas de cuero. Amy se inclinó para ver mejor. Reconoció inmediatamente el pelo lacio y el cuerpo flacucho de su amigo, pese a que no llevaba puestas las gafas.

—Ethan —susurró, tapándose rápidamente la boca con una mano.

Matt y Georgia miraban atentos, con los ojos bien abiertos.

De inmediato, vieron algo mucho más inquietante. Bajo ellos apareció un hombre con una bata blanca y se inclinó sobre la cama. Tenía el pelo canoso y enmarañado, como disparado en todas las direcciones; su espigado cuerpo estaba encorvado como una araña hambrienta dispuesta a saltar. Cuando miró hacia un lado, inmediatamente vieron el horrible destello azul de sus ojos.

—¡Es él! —cuchicheó Amy—. El hombre del bosque...

Georgia tuvo que darle un apretón en el brazo para recordarle que tenía que estar callada. Un paso en falso y el hombre se enteraría de que estaban allí.

Abajo, Ethan se debatía contra las correas.

—¡Por favor! —rogó.

Zukov levantó hacia la luz una jeringuilla con un líquido azul y le dio un par de golpecitos, luego presionó el émbolo hasta que un pequeño chorro de líquido salió de la aguja. La clavó en la parte interior del codo de Ethan y le inyectó su contenido.

El cuerpo de Ethan sufrió un espasmo.

—¡No! —Amy emitió un grito ahogado, pero perfectamente audible. Zukov se volvió lentamente y miró hacia el techo, exactamente hacia el lugar en que estaban escondidos. Su mirada azul se cruzó directamente con la de Amy. Los labios del hombre esbozaron una sonrisa. Para Amy fue como volver a estar en el bosque, sola y asustada.

Se apartó de la rejilla, jadeando pesadamente.

—¡Mierda! —Matt comenzó otra vez a reptar hacia delante—. No podemos salir por la rejilla, es demasiado pequeña. ¡Sigamos adelante hasta encontrar cómo bajar!

—No hay salida —objetó Georgia con los dientes apretados.

—¡Pues encontremos una! —bramó Matt.

Amy sentía que sus mejillas ardían mientras se arrastraba por el conducto de la ventilación. ¿Cómo había sido tan estúpida como para dejarse ver? A través del conducto llegaba un aire cada vez más caliente. Sintió que la boca se le secaba y que los ojos le picaban. Zukov. Seguramente había encendido la calefacción. ¡Quería asarlos vivos!

—Matt...

—¡Ya lo sé, ya lo sé!

Georgia se detuvo de golpe junto a otra rejilla.

—¡Ya no puedo más! Ahora mismo vamos a salir de aquí.

Se colocó sobre un costado y le dio una patada a la rejilla. Esta se dobló, pero no se desprendió. Volvió a patearla una y otra vez, haciendo vibrar todo el conducto. Se oían crujidos metálicos por todas partes. Una patada más y la rejilla salió volando hasta caer con estrépito a varios metros de distancia.

—Habitación equivocada —anunció Matt.

—¡Me da igual! ¡Tú quédate aquí y achichárrate, si quieres! —Georgia deslizó la cabeza y los hombros por la abertura. Amy la siguió.

En ese momento, se oyó un fuerte crujido metálico y todo el conducto sufrió una sacudida. Amy se vio lanzada contra su costado.

—¡Aaahh! —exclamó Georgia.

El conducto se hundió y se partió por la mitad. Mientras se inclinaba hacia el suelo, los tres cayeron deslizándose hasta el extremo de una de las mitades en un confuso revoltijo de piernas y brazos.

CAPÍTULO 14

Matt intentó agarrarse a los lados, pero no había a qué agarrarse.

Los tres gritaban mientras caían los últimos metros hasta el suelo, donde aterrizaron con estruendo sobre el duro hormigón.

Matt se restregó la cabeza. Un oscuro moratón comenzó a formársele de inmediato.

—Amy, Georgia, ¿os encontráis bien las dos? —preguntó.

—Creo que no me he roto nada; he caído sobre algo blando —dijo Amy entre gemidos—. ¡Oh, Georgia, no sabía que eras tú!

—No es nada personal, pero ¡no te iría mal perder algo de peso! —masculló Georgia desde debajo.

Matt ayudó a ambas a ponerse en pie y los tres se sacudieron el polvo.

—Parece que estamos todos enteros —comentó Georgia—. Más o menos. Diría que nuestro ángel de la guarda no nos falla.

—Mejor si no lo necesitamos otra vez —farfulló Amy.

Ahora que había vuelto a ver a Zukov con sus propios ojos, no había duda de que era él quien estaba detrás de aquel laboratorio maldito. Le entraron ganas de golpearlo con el extintor para que les diera algunas respuestas. Por algún motivo, el científico del bosque estaba poniéndoles a prueba y quería saber por qué.

—¿Dónde estamos? —se preguntó Matt, mirando a su alrededor.

La habitación en la que habían caído era circular y estaba cubierta de baldosas negras lisas. Sobre ellos, brillaba una extraña lámpara de luz púrpura que hacía resaltar los hilos blancos de los vaqueros de Amy. No había ningún mueble, pero sí varias ventanas redondas a la altura de los ojos alrededor de toda la habitación.

«Ojos de buey», pensó Amy.

—Es como un cruce entre una pista de discoteca y un submarino —dijo—. Inspeccionemos las ventanas.

Matt se acercó a una de ellas y se quedó pensando, luego se volvió.

—Se parece un poco a una pecera redonda.

Georgia asintió con la cabeza.

—Este cuarto es una cámara de pruebas.

Todos oyeron entonces un lento y sarcástico

aplauso. Amy se volvió. Una cara familiar apareció por la ventana.

—Zukov —balbuceó.

El científico le devolvió la mirada, con cara de pocos amigos.

Matt golpeó la ventana.

—¡Eh, Zukov! ¡Escúchame! Hay gente que sabe que estamos en este bosque, ¿vale? ¡Vendrán a buscarnos!

Zukov ni siquiera parpadeó. Miró a los tres más intensamente aún, uno detrás de otro, como inmerso en sus pensamientos.

—¿Qué quieres? —chilló Amy.

Zukov se giró hacia ella con una mirada de pena. Luego se volvió hacia un panel en la pared de detrás y comenzó a pulsar interruptores. Chorros de gas de color verde empezaron a salir siseando de unos pequeños agujeros en las paredes de la habitación. Brillaban como espíritus malignos bajo una extraña luz...

En cuanto olió el gas, Amy volvió a sentir la misma sensación de antes. Aquel olor acre y amargo, como de humo de plástico quemado, le resultaba tan familiar como el de su desodorante o el de la coca-cola. Tosió y notó su sabor. Los recuerdos comenzaron a emerger, recuerdos de un miedo ciego y asfixiante.

—¡No! —gritó—. No lo respiréis...

Pero el gas se iba acercando, arremolinándose en el aire, formando una densa neblina en torno a sus tobillos. Se cubrió la cara con la manga y respiró a través de la tela. Matt y Georgia hicieron lo mismo.

Amy sintió un frío helado en las puntas de los dedos. Parecían congelados. El gas estaba haciendo su efecto. Más tarde lo sentiría en el pecho, como una bola de nieve derritiéndose entre sus costillas. Sabía que sería así, pero no sabía por qué lo sabía.

—Chicas, creo que será mejor que salgamos de aquí —dijo Matt.

—No me digas... —ironizó Georgia.

El gas fluía en espesos remolinos alrededor de las pantorrillas de Amy, dejándole una sensación pastosa en la garganta. Su manga ya no le servía de nada. Tosió con fuerza. Sentía debilidad en las rodillas y la lengua hinchada como un salami.

«Georgia —pensó—. Seguro que se le ocurre algo.»

Amy comenzó a caminar hacia su amiga, pero enseguida se dio cuenta de que también ella se encontraba mal: estaba arrodillada en el suelo con el cuerpo doblado y los brazos colgando inertes, mientras el gas penetraba por su nariz cada vez que respiraba.

De repente, un pensamiento atravesó su mente: «La linterna». La buscó a tientas en su cintura. Golpeó la culata contra el cristal del ojo de buey, que se hizo añicos en el acto, igual que un parabrisas de coche al romperse. Amy tomó una larga bocanada de aire fresco y limpio.

Matt sacó la cabeza por la ventana rota y respiró profundamente.

—Tenemos que sacar a Georgia de aquí.

—No hay puertas. —Amy tosió contra su puño.

—¡Tiene que haber una puerta! ¿Cómo pueden si no meter y sacar a sus víctimas?

Juntos arrastraron a Georgia hasta la ventana rota y la dejaron allí mientras inspeccionaban la habitación. A través de la neblina, Amy logró encontrar un cajón metálico en la pared. Lo abrió y dejó a la vista una serie de cables enredados. Se le ocurrió una idea.

—¡Vamos a ver! —exclamó.

Tiró de la maraña de cables, que lanzaron chispas hacia la oscuridad.

—Amy, ¿qué te crees que...? —empezó a decir Matt.

Pero, antes de que Amy pudiera responderle, la puerta lo hizo en su lugar. Empezó a sonar una ruidosa sirena y la cerradura de la pesada puerta se abrió.

—Eso es lo que estaba haciendo, hermanito... —respondió Amy—. Ahora, vamos a por Georgia...

Georgia estaba intentando ponerse en pie, tambaleante, cuando volvieron a por ella. Cada uno tomó uno de sus brazos sobre los hombros y la sacaron de la habitación hacia el pasillo de observación, donde el aire estaba limpio. No se veía a Zukov por ningún lado.

—¿No tenéis la sensación de que hemos superado con éxito una prueba? —preguntó Amy.

—Supongo que sí. —Matt miraba alrededor, nervioso—. Pero he respirado esa cosa ahí dentro.

Georgia tenía mala cara. Los ojos le daban vueltas. Emitía unos ruidos ahogados y sus hombros tenían espasmos.

Amy la abofeteó un par de veces para intentar que volviera en sí, pero Georgia no respondía. Cuando finalmente abrió los ojos, Amy retrocedió, horrorizada.

Los ojos de Georgia estaban totalmente blancos.

—¡Igual que el conserje! —exclamó Matt con terror—. El conserje zombi...

La boca de Georgia se abrió, dejando caer un hilo de baba. Miró hacia Amy, sin mostrar signos de conocerla. Luego, de repente, le dio un fuerte empujón.

Matt vio horrorizado cómo Amy volaba por los aires, aterrizaba con violencia sobre su espalda y se deslizaba unos metros antes de detenerse. El impacto la dejó sin aliento. Georgia volvió la cabeza hacia ella y luego se acercó caminando maquinalmente como un robot.

Con un gruñido, agarró a Matt de la pechera de la camiseta, lo levantó en el aire y lo estrelló contra la pared. Luego lo arrojó al suelo, mientras su amigo gemía a causa del dolor y la sorpresa.

Una voz surgió de unos altavoces invisibles, una voz tranquila, inteligente, con un ligero acento de Europa del Este:

—Buena chica, Georgia —dijo—. Ya sabes lo que tienes que hacer.

CAPÍTULO 15

Georgia caminó a trompicones por el pasillo hacia Amy y Matt.

—La Georgia verdadera sigue ahí dentro. ¡Tiene que seguir ahí! —exclamó Amy.

—No puede oírte —dijo Matt—. Zukov la maneja como a una marioneta. El gas sirve para controlarlos.

Georgia movió el puño hacia atrás para golpearla. Amy tuvo el tiempo justo para esquivarlo.

—¿No lo ves? —Matt tiró del brazo de Amy.

—¡Tenemos que hacer algo!

—Claro. ¡Salir de aquí!

—Pero ¡es mi amiga!

—¡Y Ethan también es nuestro amigo! Pero no podremos ayudarlos si nos atrapan.

Amy pensó en cómo Georgia la había rodeado con sus brazos para salvarla de las hambrientas ratas hacía menos de media hora. Y ahora era una zombi de ojos blancos y mandíbula colgante. ¿Se quedaría así para siempre?

Georgia lanzó un largo gemido. Siguió tras ellos a trompicones, pero Amy y Matt habían atravesado ya unas puertas batientes y estaban bajando por unos escalones de hormigón hacia la oscuridad. No tenían ni idea de hacia dónde se dirigían, solo sabían que tenían que alejarse de Georgia lo más rápidamente posible.

Amy y Matt siguieron bajando por la escalera con la ayuda de la luz de la linterna, atravesaron una cortina de plástico grueso y pesado y se encontraron al final de un largo y silencioso vestíbulo.

Amy se detuvo a escuchar el sonido de los pasos de Georgia detrás de ellos.

—Creo que la hemos dejado atrás —dijo.

—¡Menos mal! No sé qué será ese gas, pero está claro que le ha dado una fuerza sobrenatural —jadeó Matt, recuperando el aliento. Miró a su alrededor—. Hermanita, estamos en otro nivel del edificio. ¡Este sitio no se acaba nunca!

Amy miró a su alrededor. Matt tenía razón. El vestíbulo se extendía en todas las direcciones, con cientos de pequeñas habitaciones por todas partes. Unos pocos metros más adelante, en el vestíbulo, Amy puso su linterna encendida sobre el cristal de una ventana interior. Vio lo que parecía una cocina abandonada, un lugar ideal para descansar.

—¡Rápido, aquí! —ordenó.

Los dos se apresuraron a entrar. Matt cogió una de las sillas y la encajó debajo del tirador, por si acaso. Amy se repantingó en otra silla.

«Hubo un tiempo en que quienes trabajaban aquí eran gente normal y corriente —pensó—. Antes del horror. Antes de Zukov.»

—¿Qué crees que quiere ese hombre, Matt?

—¿Zukov? ¡Y yo qué sé! ¡Está loco!

—Ya, pero, ¿cómo de loco? A mí me parece que no hace más que someternos a pruebas. A una especie de experimento. Y ya tiene a dos de nosotros.

—¿Qué más te da el tipo de locura que tenga? —rebatió Matt—. Tenemos que encontrar a Ethan y rescatar a Georgia del extraño control mental al que la tiene sometida.

Afuera, comenzaron a oír más pasos arrastrados. Matt se metió debajo de la mesa y Amy lo imitó. Sonaba como si docenas de voces se estuvieran quejando de un dolor insoportable.

—¡La linterna! —susurró Matt.

Amy presionó el botón para apagarla y ambos se quedaron a oscuras. Se acurrucaron, petrificados, cuando los gemidos y pasos se acercaron aún más. Algo pesado golpeó contra el cristal de la ventana. Amy aguantó la respiración. El tirador de la puerta hizo un ruido. Algo dio un empujón a la puerta, pero no se abrió.

Matt susurró:

—No. Hagas. Ningún. Ruido.

Oyeron otro golpe en el cristal, esta vez más

fuerte. Luego, gruñidos en el pasillo y golpes contra la puerta.

—¡Saben que estamos aquí dentro! —cuchicheó Amy—. ¡Georgia ha traído más zombis con ella!

El silencio se quebró con el ruido de una ventana rota. Una lluvia de cristales cayó sobre la mesa. Amy salió de debajo y volvió a encender la linterna.

Había más de los que se temían. La luz de la linterna iluminó un enjambre de individuos pálidos, de ojos blancos y con la boca abierta que se amontonaban al otro lado de la ventana rota. Se acercaron con la intención de agarrarla. Algunos llevaban puestos camisones de hospital y otros, monos azules.

Aquella horda se abalanzó al espacio vacío dejado por el cristal roto, agitando un manojo de brazos blancos en busca de una presa.

—Estamos atrapados —señaló Amy, apoyando la espalda contra la pared.

—Y no hay conducto de ventilación —añadió Matt, mirando al techo—. ¿Y ahora qué hacemos?

Uno de los individuos zombificados levantó

un puño y rompió lo que quedaba del cristal. Su mano presentaba varios cortes, pero las heridas se cerraron rápidamente ante los ojos de Amy. Fuera lo que fuese aquel gas, no solamente los hacía superfuertes, sino que parecía que también les daba poderes curativos.

—No podemos enfrentarnos a ellos, son demasiados —dijo Amy—. Tendremos que correr.

Matt asintió. Se frotó las manos y se agachó.

—Prepárate para abrir la puerta.

El primero de los zombis entró retorciéndose por la ventana y penetró en la habitación.

Amy echó a correr. Apartó de un golpe la silla encajada contra el tirador, lo agarró y abrió la puerta a toda velocidad. Tal y como esperaba, solo había unos pocos individuos junto a la misma; la mayoría estaban amontonados frente a la ventana.

Matt salió a la carga. Cruzó la puerta corriendo directamente contra el grupo de zombis y con su embestida los empujó hacia un lado como en un partido de fútbol americano. Estos levantaron la voz, lanzando fuertes y largos gruñidos que sonaban como una señal de alarma.

Amy descubrió una brecha en la multitud y se metió entre ella. Matt iba solo unos pasos por detrás; se lanzó contra aquellos cuerpos, empujándolos con los hombros hacia uno y otro lado. Esbozó una sonrisa mientras avanzaba corriendo por el pasillo hacia su hermana. Los zombis salieron tras él caminando a trompicones, pero la distancia entre ellos era cada vez mayor.

Sin embargo, otro zombi apareció por un costado y se abalanzó sobre Matt, consiguiendo que perdiera el equilibrio. Matt tropezó y cayó al suelo, derrumbándose como un árbol recién cortado.

—¡No! —gritó Amy.

Antes de que pudiera reaccionar, los zombis habían atrapado a Matt. Peleó por quitárselos de encima, pero eran demasiados. Amy vio la angustia en la cara de su hermano cuando lo volvieron a derribar al suelo.

—¡HUYE! —le gritó...

CAPÍTULO 16

—¡Lo siento! —sollozó Amy—. ¡Volveré a por ti! ¡Lo prometo!

Amy se volvió y echó a correr, conmocionada. Varias imágenes se agolpaban en su cabeza: las gafas rotas de Ethan, el rostro vacío e inexpresivo de Georgia, la mano extendida de Matt...

No tenía idea de dónde estaba. Pero sí sabía que estaba sola. Todos aquellos pasillos oscuros y todas aquellas habitaciones vacías le parecían iguales. Por lo menos, su linterna seguía teniendo luz; seguro que Georgia había comprado las mejores pilas que pudo encontrar. Pero ni las mejores pilas duran para siempre.

Al final, terminarían por encontrarla allí, sola, en la oscuridad.

«¡No te puedes rendir! —pensó—. Ahora todo depende de ti.»

Amy se detuvo vacilante frente a una puerta chapada en nogal. Le resultaba familiar; ya antes había tenido esa misma sensación, una sensación que no podía entender. Pasó su mano por la fresca y suave madera y le dio un ligero empujón. Estaba cerrada, por supuesto, pero a su derecha había una especie de panel de seguridad. Llena de esperanza, colocó el pulgar sobre la tira de metal y, para su sorpresa, la cerradura se abrió.

—Vaya —murmuró—. Las pruebas de Zukov parecen cada vez más fáciles. —Entró al interior y cerró la puerta.

El cuarto que apareció tras la puerta era lujoso en comparación con el resto de las instalaciones. Contaba con una mesa larga y baja de cristal ahumado y con varias sillas de aspecto confortable. Toda la habitación estaba tapizada por unas estanterías de roble llenas de archivos. Amy avanzó despacio. Respiró profundamente. Parecía un buen refugio para recuperar el aliento. ¡Y a lo mejor sería también un buen lugar para encontrar respuestas!

Echó un ojo a un escritorio en un rincón del cuarto, cubierto por una serie de documentos. El de encima del todo parecía muy viejo. Tenía una etiqueta: «Proyecto Lazarus», leyó en voz alta. Le pareció que ya había oído aquel nombre antes; era la misma sensación que había sentido desde que habían entrado en aquel lugar. Como cuando ves algo por el rabillo del ojo pero se te escapa al intentar fijarte mejor. Amy dejó que su instinto la guiara. Deslizó la manó sobre las carpetas, escogió una, la tomó entre los dedos y la sacó. Luego puso los papeles sobre la mesa y empezó a leer.

Proyecto Lazarus - OBJETIVOS

Hemos avanzado mucho en los campos de la ciencia militar, la medicina, la zoología y la mejora de la vida. Hemos conseguido crear nuevas armas: los perros, las ratas y el gas venenoso han demostrado ser herramientas muy útiles. Pero ya es hora de dar un nuevo paso adelante. Los mejores científicos de los modernos Estados Unidos se han reunido bajo la dirección del profesor Gregori Zukov.

—Así que no estaba solo —murmuró Amy—. Había más gente implicada...

El proyecto Lazarus nos permitirá manipular material genético tan fácilmente como un escultor moldea la arcilla. No solo cumpliremos el sueño de la ciencia de crear nueva vida en el laboratorio, diseñando criaturas nunca antes vistas en este mundo, sino que además podremos desterrar, o eso espero, el espectro que ha perseguido a la raza humana desde los albores del tiempo.

Nuestra misión principal es nada menos que salvar a la humanidad de la más terrible de las maldiciones.

¿Y si pudiéramos detener el reloj?

¿Si pudiéramos detener la mismísima muerte?

Amy exhaló un pequeño suspiro. Y, de repente, lo entendió todo. Lo tenía delante de los ojos, negro sobre blanco. Lo que pretendían los científicos del Instituto Zukov era cambiar la naturaleza de la propia vida. Primero habían sido los gruñentes zombis infrahumanos, el perro con pelo de camuflaje y dientes afilados como cuchillas, las cabezas y brazos conservados en frascos, y las ratas caníbales; pero todo eso no habían sido más que experimentos, meros peldaños para llegar a la meta final de erradicar la muerte misma.

—Así que Zukov estaba jugando a ser Dios —exclamó.

Sujeta a la página con un clip había una foto recortada de un periódico. En ella podía verse a Zukov, bastante más joven, con parte de su equipo.

Junto a él estaba el hombre que habían visto que se parecía a Ethan. Mostraba una sonrisa de autosatisfacción. Amy no reconocía a la mujer morena a su izquierda, pero también parecía contenta consigo misma, aunque no sonreía. Se

mostraba arrogante, triunfante incluso. Amy se preguntaba si sería la mujer que había escrito el diario que había leído en la celda.

—Ninguno de vosotros sabía la que se os venía encima, ¿eh? —preguntó a la fotografía.

Tanto el hombre de la barba como la mujer morena habían terminado en celdas acolchadas. Dos hechos se unieron en la mente de Amy. Zukov había inyectado a Ethan una jeringuilla con una porquería azul. La mujer de la celda también había sido inyectada.

—¡Conejillos de indias! —exclamó, poniéndose de pie tan rápidamente que la silla cayó hacia atrás con un golpetazo—. Se le acabaron los pacientes con los que experimentar, así que empezó a hacerlo con su propio equipo. ¡Y ahora quiere experimentar con nosotros!

El Proyecto seguía en marcha, incluso después de todos aquellos años. Y Amy era todo lo que se interponía entre sus amigos y el mismo destino horrible que había tenido la mujer de la celda.

De repente, supo lo que tenía que hacer y mentalmente se enfadó consigo misma por no haberlo entendido antes. Se puso a rebuscar entre las carpetas, segura de que lo que necesitaba estaba allí en algún sitio. Pasó ante una foto de perfil profesional de un científico alto y sonriente, apoyado contra un árbol, y otra de otro científico revisando concienzudamente algo en su portapapeles. Luego lo encontró, un grueso documento doblado al final de la carpeta.

Lo abrió y lo alisó. Era un mapa. Todas las habitaciones de la instalación se mostraban ahora ante sus ojos. Todo lo que tenía que hacer era averiguar dónde estaban retenidos sus amigos. Entonces...

¡BANG!

Amy miró hacia la puerta.

BANG. BANG. BANG.

Y tras los golpes, aquel horrible sonido de nuevo. Gruñidos como de humanos medio vivos y medio muertos, desesperados por que alguien los liberase...

CAPÍTULO 17

Amy se concentró todo lo que pudo. La mano con que sostenía la linterna le temblaba de cansancio y de miedo, pero estaba decidida. Con los dedos de la otra, trazó su ruta en el mapa. «La sala circular debe de ser en la que Zukov ha bombeado el gas. Así que esta debe de ser la escalera de bajada, y eso de ahí, la cocina en la que han atrapado a Matt.» De repente, las instalaciones tuvieron sentido para ella.

Los golpes en la puerta se hicieron cada vez más fuertes. La horda gimiente trataba de romperla para entrar. A juzgar por los ruidos, eran los propios zombis quienes se estaban lanzando contra la puerta.

—¡Sois muy cansinos, ¿eh?! —les gritó.

Pasillo C, nivel de investigación. El mapa daba vueltas ante sus ojos. Cuando por fin encontró las palabras Proyecto Lazarus y clavó su dedo en la habitación en que ahora se encontraba, se produjo un traicionero parpadeo en la linterna.

—¡Oh, no! ¡No me dejes! —Amy sacudió la linterna y la luz volvió de nuevo, débil pero continua.

Oyó un golpetazo en la puerta y el sonido de madera astillándose.

«Solo unos pocos segundos más. ¡Por favor!»

De repente, lo encontró: un estrecho pasillo que llevaba desde el despacho del Proyecto Lazarus hasta un área marcada como LAB. ZUKOV. Había un ascensor de acceso al piso de arriba. Amy comprobó a dónde llegaba el ascensor. ÁREA DE TRATAMIENTO. La habitación donde habían visto a Ethan. Sin duda, Matt y Georgia también estarían ya allí.

Amy estaba decidida. Puede que Zukov fuera un genio, pero no tenía ni idea de que ella había encontrado aquel mapa. Ahora iba un paso por delante de él. Podía encontrar a sus amigos, rescatarlos y salir de allí mientras sus zombis la buscaban por otros sitios.

Amy plegó el mapa, lista para ponerse en marcha, pero no había forma de salir de aquella habitación por la puerta principal, de eso se habían asegurado los zombis. Revisó el mapa: tenía que haber otra salida... ¡Allí estaba! ¡Justo detrás de una enorme estantería de libros.

—¿Y cómo muevo yo eso? —exclamó.

Amy se remangó. Vació la estantería lo más rápido que pudo, tirando al suelo todos los libros. Luego, empujó para inclinarla hasta que finalmente la estantería se estrelló contra el suelo, haciendo saltar varias astillas. Una pequeña puerta blanca apareció en la pared.

—¡Bingo! —gritó, y se lanzó hacia la puerta.

A sus espaldas, oyó ruidos de cosas rotas y de zombis que se acercaban gruñendo. La puerta cedió por fin, cayendo hacia fuera e impactando contra el suelo con un golpe que sonó como la tapa de un ataúd.

—¡Hasta luego, babosos! —gritó. Amy estaba fuera, dirigiéndose hacia el corazón de aquel laberinto. Avanzaba a zancadas fuertes y seguras. Por primera vez desde que habían entrado en aquel sitio, sabía perfectamente lo que iba a hacer. Echó un vistazo al mapa: la sala octogonal en el centro del complejo sería donde encontraría el laboratorio de Zukov.

Se fue abriendo camino rápidamente por los pasillos hasta que lo vio. Amy se esperaba tubos retorcidos de vidrio y recipientes burbujeantes sobre llamas, como en los dibujos animados de ciencia ficción. Pero el laboratorio que apareció ante sus ojos era completamente diferente.

No necesitaba la linterna. La habitación estaba iluminada por la luz proveniente de seis o siete pantallas. Diversas imágenes en movimiento y fragmentos de texto bailaban en ellas. Amy se movió de una pantalla a otra con precaución y pronto se dio cuenta de que lo que había tomado por pantallas no podían serlo, eran demasiado planas.

—¿Qué tipo de laboratorio es este? —se preguntó en voz alta.

Se detuvo frente a una pantalla que mostraba la

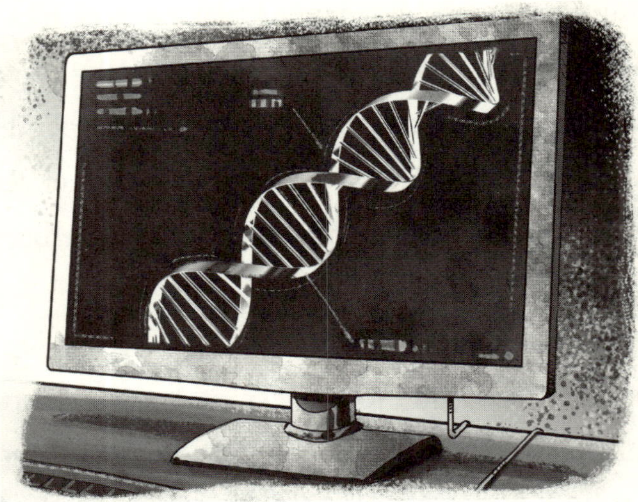

imagen de una doble hélice en espiral que giraba brillando y cambiando de color.

Miró otra vez el mapa. Estaba claro que se hallaba en el lugar correcto, pero tenía que encontrar el ascensor. Este le llevaría hasta el corazón del laboratorio. Revisó aquella extraña habitación y pronto encontró la puerta metálica deslizante exactamente donde el mapa decía que estaría. Pulsó el botón de llamada y sonó un suave ring.

Amy desplazó su peso de un pie al otro.

El ascensor emitió otro ring y las puertas se abrieron deslizándose suavemente.

Zukov estaba dentro, de pie frente a ella, mirándola con aquellos ojos azules como el hielo.

Amy lanzó un grito. Inclinó la linterna directa a los ojos del científico. Zukov dio un paso atrás y esquivó con habilidad a Amy. Con una mirada de lástima, apuntó hacia ella un aparato que llevaba en la mano, algo que parecía una grapadora con dos puntas que sobresalían de su extremo.

—¡No, no puedes hacer eso! —gritó Amy, alzando la linterna por encima de su cabeza.

—Oh, claro que puedo —replicó Zukov, amenazante.

El aparato emitió una vibración y dos púas afiladas salieron disparadas para clavarse directamente en el pecho de Amy, unidas por un fino y brillante alambre.

Solo un segundo después, su cuerpo sufría una serie de convulsiones provocadas por una descarga eléctrica. Sus brazos y piernas se agitaron como si tuvieran voluntad propia. Luego se derrumbó estrepitosamente sobre el suelo, boqueando como un pez fuera del agua. No pudo hacer nada para detener a Zukov cuando este se arrodilló ante ella y le puso cuidadosamente un trozo de tela suave sobre la boca y la nariz. No tuvo más remedio que inhalar a pleno pulmón algo que tenía un olor dulzón y que hizo que se marease.

La voz del científico parecía hacerse cada vez menos audible por un túnel interminable. Amy trató de resistirse, pero la sustancia química estaba ganando la batalla. El mundo entero daba vueltas y se volvía más y más oscuro.

—¡Eres tan espabilada! —suspiró Zukov—. Y siempre la última en caer.

CAPÍTULO 18

Amy tenía el rostro hundido en una almohada blanca.

Apartó la cabeza, aún somnolienta, y bostezó, preguntándose si se había quedado dormida. Trató de girarse hacia un lado sobre el costado, pero algo se lo impedía, manteniéndola atada a la cama. De repente se despertó del todo, como si le hubieran lanzado un cubo de agua helada. Miró

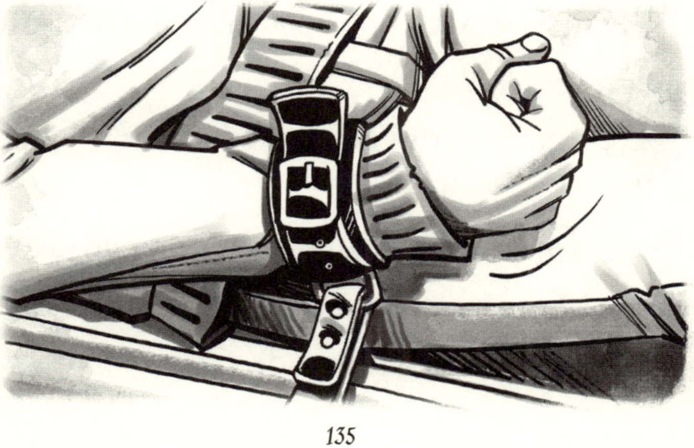

su cuerpo. Varias tiras de cuero la inmovilizaban de manos y pies.

—¿Dónde estoy?

Le vinieron a la mente recuerdos atropellados de todo por lo que había pasado en las últimas veinticuatro horas. Había otras tres camas, cubiertas con sábanas blancas. Unos focos las iluminaban desde lo alto y el suelo era de piedra negra pulida, por lo que las camas daban la sensación de estar a la deriva en un lago de agua oscura. Ni siquiera alcanzaba a ver los límites de la habitación.

Le dolía todo el cuerpo, pero lo que más la alarmaba era la punzada que sentía en la parte interior del codo. Tenía una pequeña mancha de sangre seca. Sin duda, Zukov le había inyectado algo, igual que había hecho con Ethan.

Ethan, Matt y Georgia ocupaban las otras tres camas.

—¡Chicos! —gritó desesperadamente—. ¡Chicos!

Solamente recibió un murmullo a modo de respuesta. Matt y Georgia estaban fuera de combate, solo Ethan mostraba signos de vida.

—¡Ethan! —chilló con fuerza—. ¡Despierta!

Ethan se movió levemente. Amy zarandeó su cuerpo todo lo que le permitían sus ataduras. Necesitaba algo para despertar a Ethan y devolverlo a la vida. Solo podía mover uno de sus brazos, así que trató desesperadamente de meter la mano en uno de sus bolsillos. Encontró una moneda, que logró lanzar en la dirección correcta. Esta rebotó en la frente de Ethan y luego cayó al suelo. Y, al parecer, funcionó.

—¿Amy? ¿Eres tú? —preguntó Ethan.

—¡Sí, soy yo! ¿Qué te ha hecho? ¿Estás bien?

Ethan arrugó la frente, confundido.

—No estoy seguro. Para empezar, veo borroso...

Junto a él, también Matt y Georgia estaban despertando. Georgia miró a Amy con sus ojos de siempre, solo los tenía un poco rojos.

—¿Ha sido el... gas? —preguntó con voz ronca—. Me duele la garganta.

—¿Quieres decir que no te acuerdas de nada?

Georgia tosió.

—Nada de nada.

Matt miró a su alrededor y vio a Amy cerca.

—¡Oh, no! ¿A ti también te ha atrapado?

—Nos ha atrapado a todos. Pero esto no acabará así, te lo aseguro. ¡Ya sé lo que intenta!

Amy les contó lo que había encontrado en el despacho del Proyecto Lazarus: que el laboratorio había tratado de manipular la genética humana y que el hombre de la barba y la mujer altiva habían terminado en el lado equivocado de una de las agujas de Zukov.

—Y ahora nos toca a nosotros —dedujo Georgia.

—No, si puedo impedirlo —replicó Amy.

—Olé qué bien, pero... ¿cómo? —preguntó Ethan.

Amy peleó contra sus ataduras. Miró fijamente las viejas y agrietadas correas de cuero que la sujetaban.

—Con todas las fuerzas que nos queden...

Amy respiró hondo y tiró de sus correas. Volvió a sentir un intenso dolor en los brazos. Las correas se le habían clavado profundamente en la carne. Dio otro tirón con todas sus fuerzas, consiguiendo liberar su brazo derecho de la hebilla, y se apresuró a desabrochar la correa del otro brazo; luego se incorporó y soltó las que tenía en los tobillos.

Se sentó al borde de la cama, con las piernas colgando.

—¡Ayúdame a mí primero! —le rogó Matt.

Se acercó a la cama de su hermano y empezó a manipular las hebillas. Estaban bastante más apretadas que las suyas.

—¡Venga! —la apremió—. Date prisa...

—¡Ya va! —replicó Amy.

En ese momento, oyeron fuera de la habitación el chirriante sonido de un picaporte girando.

—¡Rápido! —dijo Georgia—. Volved a vuestras camas...

Amy no conseguía abrir las hebillas de Matt. Miró frenéticamente alrededor de la habitación y descubrió que sobre una mesa baja había un montón de instrumentos quirúrgicos esperando a ser usados. Cogió un bisturí y se lo escondió bajo una de las mangas. Solo un segundo más tarde, justo cuando se abrió la puerta, estaba acostada nuevamente sobre su cama y tapada con la sábana.

Zukov apareció bajo la luz, con las manos a la

espalda. Tras él estaba el conserje de ojos blancos que habían visto antes. Trotando detrás de este venía el perro de dientes afilados y pelo de camuflaje.

—Vaya, veo que estamos todos despiertos —dijo Zukov—. Bien, ahora, por favor, necesito toda vuestra atención. Este es un asunto de vida o muerte.

CAPÍTULO 19

Amy se quedó totalmente inmóvil con los ojos clavados en Zukov. Para él, ella seguía estando atada a la cama.

«Dejaré que se acerque lo suficiente —pensó—. Y entonces, atacaré.»

Había algo desconcertante en la calma que mostraba Zukov. Lo normal sería que un científico loco como él vociferase y amenazase, no que mirase por encima de sus gafas como un viejo y amable director de colegio. Sin duda todo formaba parte de su actuación.

—Tú espera y verás —le espetó Matt con enojo—. En cuanto salgamos de aquí se lo contaremos a todo el mundo. Y si se te ocurre hacernos daño...

Zukov arqueó las cejas.

—¿Haceros daño? ¿Por qué iba yo a querer haceros daño? No, Matthew. Mi intención es protegeros.

Se acercó a la cama de Amy y miró hacia ella.

—¿Qué tal te sientes? ¿Algo de dolor de cabeza? ¿Fiebre?

—No, un poco de náuseas nada más —gruñó Amy—. Pero seguramente sea por tu aliento.

Zukov suspiró y movió la cabeza, cansado.

—Te han mordido esas ratas enormes. He tenido que inyectarte varios antibióticos, además de ponerte la antitetánica. Y luego he tenido que arreglar todo el desorden. —Alargó un brazo—. Veamos cómo van esas heridas.

Levantó la sábana.

«Ahora o nunca», pensó Amy.

Entonces, agarró con fuerza el bisturí y se incorporó de golpe. Logró hacerle al científico un corte en la mejilla, aunque no muy profundo.

—¡Pequeña insolente...! —exclamó Zukov.

Había cogido a Zukov completamente por sorpresa. Amy aprovechó su ventaja. El científico trató de agacharse y esquivar el bisturí, pero ella lo atacaba una y otra vez. Lo tenía a su merced; Amy le lanzó una mirada fulminante cuando Zukov cayó al suelo.

—¡Termina con él, Amy! —gritó Georgia.

Amy le apretó el cuello. Zukov casi no podía respirar, pero aun así consiguió golpearla con el puño en el bíceps, aunque no lo suficientemente fuerte como para que lo soltara.

—Amy, ¡cuidado! —gritó Ethan.

Amy se volvió rápidamente, pero ya era tarde. Un brazo enorme y musculoso la agarró por detrás y con un fuerte tirón la alejó de Zukov. Amy le clavó las uñas, dejándole unos grandes arañazos en la piel. Encima de ella tenía al enorme conserje de ojos blancos, que había venido al rescate de Zukov y ahora la miraba desde arriba.

Mientras el científico se restregaba el cuello y resollaba tratando de recobrar la respiración, el conserje acorraló a Amy en un rincón.

—¡Déjame en paz, monstruo zómbico! —le gritó.

Luego empezó a darle puñetazos y patadas mientras el conserje la agarraba como a una muñeca, hasta que la arrojó sobre su cama tan bruscamente como un granjero lanzaría un saco de patatas. Luego volvió a atarle las manos y las piernas con las correas, dejándolas dolorosamente prietas.

Zukov se levantó del suelo y se sacudió el polvo. Por primera vez parecía haber perdido la habitual calma y compostura.

—Esta vez os habéis pasado un pelín, ¿no te parece, Amy? Habéis soltado a las ratas, trastornado al pobre Cammo... —Dio una afectuosa palmadita al perro mutante, quien solo respondió con un pequeño gruñido—. Por no decir cómo habéis irritado a los demás pacientes, pero ¿atacarme a mí?

—¿Qué quieres decir con «esta vez»? —preguntó Georgia.

Zukov negó con la cabeza, suspirando.

—¿Significa eso que por fin estáis dispuestos a escucharme? —preguntó, con voz cansina—. Muy bien. Entonces, os lo contaré todo.

Amy dejó de pelearse con las correas; por fin iban a obtener algunas respuestas.

—Tiempo atrás, mis colegas y yo trabajábamos aquí en el campo de la ciencia genética, algo totalmente nuevo —empezó a contarles Zukov—. Avanzamos mucho más rápido de lo que nunca habíamos soñado. Es innegable que éramos muy buenos en nuestro trabajo. Conseguimos desensamblar diversas criaturas genéticamente y volverlas a ensamblar, como si se tratase de una maqueta de avión. Los antepasados de Cammo fueron nuestros primeros éxitos. —Dio otra palmadita al perro, que empezó a mover la cola, con sus dientes como puñales firmemente cerrados.

—¡Ya nos hemos encontrado con algunas de esas «criaturas desensambladas»! —dijo Matt—. Frascos llenos de cabezas cortadas.

—Se trata de cabezas, piernas y brazos cultivados dentro de esos mismos frascos —replicó Zukov con delicadeza—. Formaban parte de un experimento de cultivo de tejidos. Nunca estuvieron vivos propiamente hablando.

—¿Y qué hay del Proyecto Lazarus? —lo interrumpió Amy.

—Nuestro mayor reto: la búsqueda de la vida eterna. —Zukov sonrió con tristeza—. Oh, sí, estuvimos muy cerca de conseguirlo. Fabricamos un suero capaz de regenerar las células humanas y de detener completamente el proceso de envejecimiento. Pero había un problema: tenía que ser testado en seres humanos.

—Así que lo probaste en tus propios colegas, ¿verdad? —gritó Amy—. ¡Leí el diario en la celda acolchada! ¡Esa pobre mujer perdió la cabeza! ¿Cómo pudiste hacerle eso?

Zukov se quitó las gafas y se las limpió en la bata.

—Amy, no deberías sentir lástima por la mujer de la celda quince.

—¿Ah, no? ¿Y por qué?

Zukov se volvió a poner las gafas y la miró fijamente a los ojos.

—Porque esa mujer... ¡ERES TÚ!

CAPÍTULO 20

Amy se echó a reír a carcajadas.

—¡Estás totalmente loco! —dijo—. ¿De qué hablas? ¿Cómo podría ser yo esa mujer?

Los otros chicos también se rieron ante lo que Zukov había dicho.

—¿No era yo el de las bromas? —exclamó Ethan.

—Como estaba diciendo antes de ser interrumpido —continuó Zukov, caminando por la habitación—, el suero tenía que ser testado en seres humanos. Podríamos haber pedido voluntarios, o incluso haberlo probado con soldados. Pero mis cuatro colegas eran demasiado ambiciosos, y también demasiado engreídos. Cegados por su propia genialidad, se inyectaron el suero a sí mismos a fin de demostrar la eficacia de su gran trabajo. Después de todo, se dijeron, si habían descubierto el elixir de la vida eterna, ¿no merecían dar ellos el primer trago?

—¿Cuatro colegas? —preguntó Matt.

—Así es, Matt. O, mejor dicho, profesor Matthew Sinclair, como en realidad debería llamarte. —Luego, señalando con la cabeza a Amy, Ethan y Georgia, dijo—: Profesora Amelia Sinclair. Profesor Ethan Arkwright. Profesora Georgia Casserly. Pido disculpas por el estado del laboratorio, Georgia. Nunca consigo estar a la altura de tus exigentes estándares.

Los cuatro miraron a Zukov, completamente atónitos.

—Debería haberos detenido. No haberlo hecho es de lo que más me arrepiento —dijo Zukov—. Pero bueno, era vuestro proyecto. No sólo resucitaríais de entre los muertos como Lázaro, sino que venceríais por completo a la muerte. «Muerte a la muerte» es lo que solíais decir...

—¡Mientes! —chilló Amy, aunque sentía como si debajo de ella se estuviera abriendo un agujero negro a punto de tragársela—. ¡Todo eso habría sucedido hace años! ¿Acaso te parecemos personas mayores?

De repente, una alarma empezó a sonar en la mente de Amy. Todas aquellas cosas que medio recordaba, como los pasillos y las celdas, y la sensación de haber estado antes en aquel lugar. De pronto pensó: «¿Y si es cierto? ¿Y si realmente hemos estado aquí antes?». Hizo un esfuerzo por recordar su vida hasta entonces, lo que hacía antes de salir de acampada. ¿Iba al instituto? ¿Y su familia? Se sentía confusa...

Zukov retomó su narración.

—El suero tuvo algunos efectos negativos. Se suponía que iba a detener vuestro envejecimiento, pero al final no funcionó así. Los cuatro dejasteis de envejecer, sí, pero luego comenzó a suceder algo curioso: empezasteis a rejuvenecer.

Los cuatro lo miraron con incredulidad...

—¿Rejuvenecer? ¿Cómo? —preguntó Georgia.

—Al principio, de una manera sutil. Por ejemplo, a Ethan —lo señaló— volvió a crecerle pelo. Eso te hizo muy feliz, ya lo creo...

Ethan lo miró estupefacto.

—Georgia empezó a adelgazar. Y algunas arrugas de Matt empezaron a desaparecer. Pero el proceso parecía que no se detenía. Al principio era emocionante, ¿quién no querría volver a tener veinte años? Pero poco a poco fuisteis convirtiéndoos en adolescentes y más tarde en... bueno... en niños...

—¡Eso es... MENTIRA! —gritó Amy.

—No, Amy, no miento —suspiró Zukov. Sacó una serie de fotos de una carpeta de su escritorio. Mostraban una convincente progresión del envejecimiento, pero hacia atrás.

—Vuestros recuerdos empezaron a desaparecer muy pronto. Cosas pequeñas al principio... Olvidabais dónde habíais dejado las llaves, o dónde habíais aparcado el coche. Pero a medida que pasaba el tiempo olvidabais más y más cosas. Tuvimos que cancelar los experimentos; os volvisteis poco fiables. Tuve que ocuparme yo personalmente de todo, por vuestra propia seguridad. Por eso os tuve que encerrar...

—¡Oh, no, no, no! —exclamó Georgia—. La

foto del que pensábamos que podía ser el padre de Ethan...

Zukov asintió.

—Exacto. Es el propio Ethan a la edad en que se inyectó el suero. Cada año que pasaba os volvíais más jóvenes. Y vuestras mentes, siento decirlo, también. Aunque a veces hay uno o dos recuerdos que parecen permanecer de alguna manera. Así que ahora soy yo quien hace que este sitio siga funcionando, para ver si invento algo nuevo, y además cuido de mis pacientes, por supuesto. Espero encontrar algún día una cura para vuestra situación.

—Y ¿qué pasa con las otras personas que hay aquí? —preguntó Matt—. Los zombis, como el conserje.

—Son el personal del Instituto y voluntarios —respondió Zukov—. Por supuesto, he tenido que hacer algunos pequeños ajustes. El gas les da fuerza extra, además de hacerlos obedientes.

—¡Querrás decir que los convierte en esclavos! —le reprochó Georgia.

Zukov levantó las manos.

—Querida amiga, se trata de algunos de tus primeros experimentos, así que son responsabilidad tuya. Por supuesto, los he utilizado para mis propios objetivos ahora que el Instituto está oficialmente clausurado. No querrás que busque personal nuevo por internet, ¿no crees?

—¿Qué es internet? —preguntó Ethan.

—Hay muchas cosas que os habéis perdido con los años —suspiró Zukov—. Me llevaría demasiado tiempo explicároslas todas. Podría teneros encerrados en vuestras celdas, como a los demás, pero prefiero dejar que salgáis al bosque mientras trabajo en una cura. De vez en cuando tengo que echaros un ojo, claro, especialmente desde que le habéis cogido el gusto a causarme problemas.

—¿Y ahora qué? —preguntó Georgia.

—Lo de siempre... —respondió Zukov.

—¿Esto ya ha sucedido antes? —quiso saber Matt.

Zukov suspiró.

—Muchas, muchas veces.

Amy abrió la boca, dispuesta a discutir, pero volvió a cerrarla, confusa. Demasiadas cosas parecían encajar. La inquietante sensación de haber estado allí antes. La cabeza del frasco que veía todos los días. ¿Sería uno de sus propios experimentos? Y la mujer de la celda. ¿Se inyectó ella misma el suero? ¿Y eso que dijo Matt sobre que siempre terminaba por salvarla? ¿Acaso la había tenido que salvar en el pasado muchas muchas veces, como decía Zukov?

Solo quedaba una pregunta. Una pieza para completar el rompecabezas.

—Zukov... —dijo Amy.

—¿Sí, querida?

—¿Por qué apareciste en el bosque?

Zukov se acercó hasta la cama.

—Para ver cómo estabais y para asegurarme de que no traspasabais el límite. Verás, el riachuelo junto al Bosque Negruzco es una frontera, pero no en la dirección que te imaginas. No quiero que volváis al mundo exterior. Suscitaría demasiadas preguntas...

Amy arrugó la frente.

—¿Lo entiendes ahora?

—No puede ser cierto...

A grandes zancadas, Zukov pasó entre las camas y abandonó la habitación. Cammo y el conserje zombi le siguieron. Se oyó el sonido de una puerta cerrándose y de la llave dando vueltas en la cerradura. Se quedaron mirándose fijamente los unos a los otros en silencio, desesperados, pero no había nada que pudieran hacer. Un ligero siseo y un extraño olor hicieron deducir a Amy que la habitación estaba empezando a llenarse de gas. Trató de liberarse de las correas, pero el mundo estaba ya desvaneciéndose a su alrededor. Al poco, cayó en un profundo sueño.

CREEPÍLOGO

Georgia introdujo la cabeza por el cierre de la tienda de campaña.

—¡Levántate, dormilona!

—Hmm... ¿Qué hora es?

—Hora de levantarte, perezosa. Los demás llevamos horas levantados.

Amy se estiró. El saco de dormir estaba calentito y se estaba muy a gusto dentro, pero también tenía hambre. Se vistió rápidamente y salió afuera.

Matt y Ethan estaban sentados junto a una crepitante fogata. Amy sonrió al observar que las gafas de Ethan estaban rotas, unidas por una tirita. El pobre siempre había sido tan torpe...

—Entonces ¿qué plan tenemos hoy? —dijo.

—¡Explorar! —respondió Ethan con un trozo de huevo en la boca.

—Deberíamos tener cuidado de no adentrarnos demasiado en el bosque —advirtió Matt con su típica cara de Contador de Historias de Terror y poniendo las manos como si fueran garras.

—¿Ah, no? —Amy se sentó en un tronco a su lado—. ¿Y por qué?

—Bah, es solo una leyenda. Seguro que no queréis ni oírla.

—¡Claro que queremos!

—Vale —empezó Matt—. Se dice que en algún lugar de este bosque, lejos de cualquier camino conocido, hay un instituto científico abandonado...

JEFF CREEPY

Muy pocos conocen a Jeff Creepy. Y quienes lo hacen prefieren no estar demasiado tiempo junto a él. Porque a su alrededor siempre suceden cosas extrañas... y siniestras.

Desde muy joven, Jeff se obsesionó con los sucesos misteriosos y dedicó todo su tiempo libre a recopilar historias inquietantes que encontraba en periódicos, libros y conversaciones. A medida que se hacía mayor, fue dándose cuenta de que la cantidad de acontecimientos funestos que sucedían en su ciudad era desproporcionada: cada semana ocurría algo extraordinario e inexplicable.

Pero nadie atendía a estos hechos irregulares, ya que todos estaban demasiado ocupados en sus tareas diarias. De manera que Jeff decidió dedicar su vida a coleccionar todas estas historias para que no cayeran en el olvido. Con los años, ha viajado por muchos países y ha conocido a miles de personas, buscando, incansable, experiencias oscuras. Pero nun-

ca ha quedado claro si era él quien buscaba las historias, o si los incidentes sucedían porque él estaba allí... Muchos dicen que allá donde Jeff Creepy va, la desgracia aparece.

Actualmente vive en paradero desconocido, organizando sus notas, redactando las historias e investigando nuevos indicios. Mantiene una estricta soledad y aislamiento dedicado a la colección Supersustos. Si quieres vivir tranquilo y sin miedo, mejor no te acerques a él...

SUPERSUSTOS

PRUEBA DE COMPRA

1